成　交
——胜在细节

谢　普◎著

SPM 南方传媒
广东人民出版社
·广州·

图书在版编目（CIP）数据

成交 : 胜在细节 / 谢普著 . -- 广州 : 广东人民出版社， 2024. 8. -- ISBN 978-7-218-18017-5

Ⅰ . F713. 3-49

中国国家版本馆 CIP 数据核字第 20244SB044 号

CHENGJIAO : SHENG ZAI XIJIE

成交 : 胜在细节

谢 普 著

出 版 人： 肖风华

责任编辑： 马妮璐
责任技编： 吴彦斌
封面设计： 李舒园

出版发行： 广东人民出版社
地　　址： 广州市越秀区大沙头四马路 10 号（邮政编码：510199）
电　　话：（020）85716809（总编室）
传　　真：（020）83289585
网　　址： http://www.gdpph.com
印　　刷： 天津海德伟业印务有限公司
开　　本： 620mm×910mm 1/16
印　　张： 12　　**字　　数：** 165 千
版　　次： 2024 年 8 月第 1 版
印　　次： 2024 年 8 月第 1 次印刷
定　　价： 59.00 元

如发现印装质量问题，影响阅读，请与出版社（020-85716849）联系调换。
售书热线：（020）87716172

前言 PREFACE

销售，可大可小，小到卖一针一线，大到做跨国、洲际生意。但究其本质，都极其相似。销售不是一般人心中那样艰难、低下，更不具有玄妙，只是一种谋生的手段，自由而不稳定。销售既可以让你一分钱赚不到，也能让你实现财富自由。

想要成为优秀的销售人员，必须具备全面的专业知识、丰富的销售技巧和广阔的人际关系。除此之外，还要掌握三种本领，即找对人、说对话、做对事。

“找对人”是指在销售过程中找对客户。俗话说“烧香不能拜错佛”，我们不能怀着求财的心给送子观音上香，也不能怀着求子之心给财神上香，销售亦是同理。销售工作中的大客户都是隐身的，销售人员必须准确找到自己该拜的“佛”。销售人员掌握了“找对人”的本领，就能发展和提升自己，从而提高销售业绩。反之，如果销售人员不能“找对人”，则会在销售工作中焦头烂额、一败涂地。

“说对话”是指在销售过程中恰到好处地运用语言技巧，说客户需要听和喜欢听的话，自然有助于搞好与客户的关系，从而促成销售的目的。销售人员掌握了“说对话”的本领，在与客户的沟通中能说到客户的心坎上、引起客户的共鸣，并使客户乐于接受。反之，如果销售人员在与客户的沟通中东拉西扯、说不到点子上，则会使客户反感，使销售工作停滞不前。

“做对事”是指在销售过程中想客户之所想，与客户真诚交往，形成牢固的合作伙伴关系，进而实现与客户的双赢。销售人员掌握了“做对事”的本领，在与客户的沟通中就能将问题处理得体、周全，使客户满意，从而促使销售成功。反之，如果销售人员在与客户沟通中不守承诺、办事有头无尾，则会在之后的销售工作中毫无信用、难以成功。

很多成功的企业家、公司的骨干、精英，都是从销售人员干起的。销售人员的经历给了他们从事其他行业、其他职务很多的启示和帮助。就是因为他们曾经做过销售人员，所以他们懂得如何将自己推销给领导、推销给客户，如何让领导和客户相信并重用他们；就是因为他们从事过销售工作，所以，他们懂得不同年龄、不同经历、不同岗位人的心理，从而在其他的工作中能与各种各样的人愉快、和谐地相处；就是因为他们有了从事销售工作的经历，他们比其他人更懂得维护、发展人际关系，利用良好人际关系的帮助，使其在工作中能达到左右逢源的效果。

销售高手从来不是天生的，正如这个世界上没有一生下来就会跑步的孩子一样，真正的销售高手是培训和学出来的。所以成为销售高手很简单，跟着成交大师学习销售，哪怕是刚入行的菜鸟，经过脚踏实地、诚信为本、执着，也可以成长为老鹰。

销售技巧固然重要，但对于成交大师来说，销售就是要注重细节，很多销售人员亟待解决的问题是：转变观念，突破僵化的思维方式。因为观念决定行动，思维方式决定做事方法。更何况销售技巧并不是放之四海而皆通的规则，如果在没有转变观念之前让入职新人学习技巧，那些技巧很有可能会成为束缚他们的“教条”。

我们编写此书的目的在于：提醒那些每日奔波劳累的销售人员们停下来，思考自己的失败之处，主动寻找属于自己的销售之道。我们一致的终极目的就是——轻松成交！

目录
CONTENTS

主动出击，成交是聊出来的——打破关系隔阂，增加黏性

注重售后，成交才能闭环——销售永不停止

俯视成交，敢于成交

——你有多自信，客户就有多相信你！

销售高手是伟大且平凡的，成功者的光芒四射，源于背后鲜为人知的艰辛和磨砺，才换来这百炼成钢。他们的思维与普通人不同，他们的行动往往出乎普通人意料，他们是行业的引领者，这似乎是高手与普通人间的天然差距。高手与普通人之间，其实也并非遥不可及，质疑成功者、理解成功者、学习成功者，就能成为成功者。

热爱销售、热衷成交

你是否说过，或者听这样的话："我没有办法了，只能做销售，其他的工作不好找。"果真如此的话，那说话的人一定不是个成功的销售人员，他的业绩也不会好。成交的前提是销售，做不好销售工作，想成交都难。

销售是一项伟大的职业，不是一项简单、容易胜任的工作。被销售领域誉为传奇的乔·吉拉德曾大声说："我是销售人员，我热爱自己的工作。"乔·吉拉德销售汽车的业绩至今无人超越。即便如此，很多人还是不愿意接受销售的工作。

如果你也有这样的想法，而你又渴望着事业的成功，那么，建议你做两种选择：第一，放弃销售人员的工作，去找一个你热爱的工作；第二，重新认识销售，并爱上它。否则，这份销售工作为你带来的只有挫败感和窘迫的生活，成为富翁将只是一个遥远的梦境而已。

乔·吉拉德是世界最伟大的销售人员，他以自己的事业为骄傲，并在自己的工作中创造着奇迹，为每一名销售人员和准备从事销售工作的人指明了一条道路。

所有成功的销售人员与失败的销售人员在一开始就有很大的不同，他们与乔·吉拉德一样，都热爱自己的事业，不仅仅是在成功的时候，更是在遇到挫折的时候，因为成功的销售人员都深深地体会到：对销售事业的热爱，不仅是他们事业的推进剂，更能让他们从困境中走出来。

倪经理的公司正在招聘销售人员，在众多应聘者中，经验丰富的王某和没有经验但是十分热爱销售事业的马某最受面试官们的青睐。最后一轮面试由倪经理亲自把关，因为倪经理毕业后第一份工作就是销售，而且现在也是公司销售主管。

第一个被叫到面试房间的是马某，他二十出头，刚刚从大学校园中走出来，对工作中的事情充满了好奇。当倪经理问马某为什么选择销售这一行时，马某眼睛里闪出了激动的光芒，从他的讲述中，倪经理感受到了这个年轻人对销售事业的热爱，也仿佛看到了自己年轻时的模样。

同样的问题，倪经理也问了王某。王某不慌不忙地将几年来的工作业绩证明拿出来，说自己选择这份工作最大的原因和优势就是“经验”，公司选择他会给公司很快带来收益。倪经理从对方的回答中，感受到了自信，但同时也感受到了王某对于销售工作的毫无激情。

两天后，王某和马某都收到了被录用的通知。倪经理发现，王某对工作并没有多少热情，只是快到月底时，才会联系客户；而马某每天早出晚归，积极做好客情关系，销售热情丝毫不会因为业绩的好坏而产生波动。

一年后，王某的销售业绩平平，与刚到公司时比，没有多大进展。马某却一直在进步，每个月的销售额都要比上一个月多，甚至成功地为公司找到了一个大客户。这一年的工作改变了马某很多。但是，马某眼睛里和心中对销售工作的热情始终没有变。

任何工作都不能光凭热情就成功。然而，对于所从事工作的热爱，却是你遇到挫折时坚持下来最好的理由，也是前进中的动力。上面例子中的马某碰到了懂得挑选人才的倪经理，倪经理看到了他对销售工作的热爱，所以，冒险聘用了他，也正是凭着这份热爱让马某在试用期的“失败”中，始终不放弃，用心中的热情继续着这份十分具有挑战性的工作，并在不懈地努力中取得了优秀的业绩。

热爱自己现有的工作吧！如果你选择了销售这一行，就先要热爱它，让自己从心底爱上这个职业，这样才能在销售这一行中坚持下来，并感受到乐趣。想和乔·吉拉德有相同的成就吗？还是想超越他？那么，先学学这位大师对销售事业的热情，爱上销售，以自己是销售人员为骄傲！

可能很多人会说："工作体面，赚钱多，我就会有热情了，也会热爱自己的工作。销售人员不够体面，赚钱也不稳定，怎么会有热情呢？"抱有这种思想而不选择销售行业的人很多。热爱销售行业的人，不会觉得天天在外面跑是不体面的事，反而认为这是工作的乐趣所在。当工作变为乐趣时，赚钱也就变得自然和轻松了。每个人都渴望成功，但真正成功的人只是其中一小部分，为什么？除了不懈地努力和正确的方法之外，对于自己事业的热爱和满腔的热情是必不可少的因素。那些谈到自己的工作时就满脸愁容的人，总是遇到麻烦；而那些一提到有关工作的事就滔滔不绝、满脸笑容和憧憬的人，总是能在同行中成为佼佼者。

给将要成为销售人员的朋友一个热爱这份工作的理由：大部分公司的领导者、决策者，都是从销售人员做起的；很多富豪也是因为走入了销售这一行，才成就了最好的自己。

热爱销售工作，是成为一个合格的，甚至成功的销售人员必备的素质。只有爱上销售，才能全身心地投入百分之百的努力，才能在竞争激烈的工作中脱颖而出，成为公司优秀的销售人员。如能让客户感受到你对销售事业的热爱并受到你的感染，成交自然也不成问题。

大师手记

销售就像冒险，没有失败就没有进步。

——托尼·罗宾斯

克服恐惧、不胆怯

在很多人看来，销售工作很难做，成交率低，且销售人员面对的压力也比较大。许多销售人员之所以销售失败，做不出业绩，就是因为对自己缺乏足够的自信。在这种情形下，他们很难发挥出自己的最佳水平，当然也就很难让客户相信他们。

恐惧是成功的天敌，普通的销售人员总是心怀恐惧，担心被拒绝、担心公司的产品质量不过硬、担心客户找到了价格更低的产品、担心电话被挂断……种种担忧各不相同，结果却相同，距离成交遥遥无期。如果担心有用的话，也就无需销售了。可以说，恐惧是销售人员的大敌，是阻碍他们成交的绊脚石。

日本保险业著名销售人员原一平曾以自身的感受谈及成功与失败，他说：成功者与凡人的不同之处在于他们从不将失败放在眼里，从不因为失败而放弃竞争，真正的较量并非是与竞争者比赛，而是跟自己比赛。怕见客户，怕被拒绝，一个“怕”字扼杀了销售人员的无限潜能。业务活动的快乐在于每天见不同的人，经历不同沟通场景，不断向客户传递价值，怕的本质在于太在乎自己内心，在于“心里有鬼”，在于自己没有尝试就已经死掉了。

事实上，销售人员会因产品或服务的不同以及推销能力的高低有别，从而使推销成功率有所不同。有人成功率为10%，有人为20%。根据百分比定律，发展成下列公式：

计算每次交易的销售额，假如一次成交额为200元；计算会见多少次客户才能成交，假如会见10次才能成交1次。因此：每会见1次=200/10=20元。每次会见被拒绝，对方说“不”时，都要告诉自己，客户每个“不”字值20元。

这个公式使得本来心情沮丧的销售人员想到客户的每次拒绝等于20元时，就会变得面带微笑，感谢对方，然后坦然地去接受另一个20元，另一个被拒绝，在一次又一次被拒绝中走向成功。

杰夫·荷伊开始做生意不久，就听说百事可乐的总裁卡尔·威勒欧普要到科罗拉多大学来演讲。杰夫找到为他安排行程的人，希望能找个时间和他会面。可是那个人告诉杰夫说，总裁的行程安排得很紧凑，顶多只能在演讲完后的15分钟与杰夫碰面。

于是，在卡尔·威勒欧普演讲的那天早晨，杰夫就到科罗拉多大学的礼堂外等候这位百事可乐的总裁。

卡尔·威勒欧普演讲的声音不断地从里面传来，不知过了多久，杰夫猛然惊觉，预定的时间已经到了，但是他的演讲还没有结束，已经多讲了五分钟。也就是说，自己和威勒欧普会面的时间只剩下十分钟了，他必须当机立断，作个决定。

于是，他拿出自己的名片，在背面写下几句话，提醒卡尔·威勒欧普说：您下午两点半和杰夫·荷伊有约。然后他做个深呼吸，推开礼堂的大门，直接从中间的过道向他走去。

威勒欧普先生本来还在演讲，见他走近，便停了下来。杰夫把名片递给他，随即转身从原路走出来，还没走到门边，就听到威勒欧普先生告诉台下的观众，说他迟到了，他谢谢大家来听他演讲，祝大家好运。说完，他就走到外面杰夫坐的地方。

此时，杰夫坐在那里，全身神经紧绷，连呼吸都好像停止了。

威勒欧普先生看看名片，又看着他说："让我猜猜看，你就是杰夫。"这样，他们就在学校里找了一个地方，畅谈了一番。

他们谈了整整半个小时。威勒欧普先生不但告诉了杰夫许多精彩动人的故事，而且还邀他到纽约去拜访他和他的工作伙伴。不过，他送给杰夫最珍贵的东西还是鼓励他继续发挥先前那种大无畏的勇气。他说，在商业界或者其他任何地方，所需要的就是勇气，你希望做成什么事的时候，就需要有勇气来采取行动，否则终将一事无成。

许多新入行的销售人员在刚开始的阶段往往被畏惧所困扰，他们内心渴望成功，却缺乏足够的勇气去迈出第一步。他们可能会感到犹豫不决，拖延采取行动，当需要打电话时，却希望对方不接听；而当需要敲门拜访客户时，又暗自希望对方不在家。他们心存渴望成功的愿望，但又害怕失败，因而往往陷入犹豫不决的状态，使得成功看起来遥不可及。

陈经理吩咐一名新来的销售人员马上给一个潜在的大客户打电话，这位新来的销售人员心里很胆怯，想找借口推脱，但无奈经理在旁边一直催促，只好硬着头皮拿起电话。

她慌张地拨着电话号码，脸上的表情既为难又恐惧。当电话那头有人答话时，她就像马上要引爆一颗炸弹一样紧张。

坐在她对面的经理正要安慰她别紧张时，突然，这位销售人员的表情轻松了下来，她放下电话，用轻快的声调说道："那位总经理不在。"脸上一副卸下了千斤重担的样子。

研究指出，在首年被解雇的销售人员中，有80%因患上"销售恐惧症"

而导致。而即便是那些经验丰富的销售专业人员，无论他们的收入或经历有多丰富，也有40%的人表示在职业生涯的某些阶段曾受到这种“疾病”的影响，甚至可能严重到威胁到他们的职业。

克服恐惧、鼓起勇气去应对内心的畏惧，是销售人员们所面临的一大挑战。要想战胜这种心理障碍，销售人员需要每天激励自己去大胆地行动、说话。最有效地消除恐惧的方法是立即采取行动。能否勇敢地面对拒绝，并且保持勇气去尝试，直至达到销售成功，这是衡量销售人员能力的关键标准。

战胜销售恐惧心理的最佳途径就是行动。越是恐惧的事情就越要去做，才有可能超越恐惧。否则恐惧就是我们从事销售工作不可逾越的心理鸿沟，横亘在我们面前，导致我们一事无成。所以要大胆地尝试，大胆地行动，一旦行动起来，就会发现其实没有那么难，行动可以增加胆量，让我们超越恐惧。

优秀的销售人员能有效控制和消除“销售厌恶症”，逐渐克服这种心理障碍，从而在这个需要巨大勇气的职业中脱颖而出，赢得更多的客户和商业机会。销售人员可以自我调节和心理暗示来克服推销恐惧心理，逐渐建立起对推销过程的自信和从容，从而提高自己的销售业绩和职业竞争力；或者，可以通过团队的支持和经验交流，理解销售恐惧心理的根源，并从中找到解决的途径；也可以积极参与社交活动，提高自己的社交能力和人际勇气。

大师手记

我们成为什么样的人，就看我们重复做什么样的事。

——亚里士多德

遇到任何事都不轻言退却

每个人都有胜负心，渴望成功，厌恶失败。但通往成功的道路充满曲折，很多人因为经不起沿途遭遇的挫败感，提前放弃了无限的可能性，这一点在销售行业表现得尤为明显。

在没有取得突破进展的时候，最需要的就是销售人员以不放弃成交的信念继续坚持做工作。积极找出阻碍销售的原因，然后再想办法克服这些阻碍。当客户的各种顾虑被打消时，他们就没有拒绝下单的理由。而要实现这一点，大前提是销售人员自己不放弃目标。

销售人员听到最多的话是“我再考虑考虑”“对不起，我不需要”“你们的价格太高了”……诸如此类的话，对普通销售人员来说，是致命的打击。但是，对于成交大师来说，仍有成交的希望，他们不会主动放弃任何一个客户，反而会拿出不达目的不罢休的气势去赢得订单。因为他们明白，机会往往出现在锲而不舍的尽头。

心理学家研究发现，人们在没有经历一些事情的时候，总是会首先对自己形成一种心理暗示，比如把一块宽30厘米、长10米的木板放在地上，人们可以轻易地从上面走过去，但如果把这块木板放在高空中，很多人就会因为害怕而不敢迈步。这时候，人们往往会形成一种自我暗示：我会掉下去。在这样的暗示作用下，人们就会感到恐惧，害怕自己真的掉下去，虽然事实并没有发生。

齐藤竹之助是日本大器晚成的销售大师。1952年，年满57岁的齐藤竹之助由于生活落魄，进入一家保险公司从事保险工作。

进入保险公司后，齐藤竹之助的第一笔生意来自东邦人造丝公司，这家公司在当时的日本颇有盛名。齐藤竹之助选择东邦人造丝公司有两个原因：一是这家公司的实力雄厚，生意一旦做成就是个大单；二是这家公司的经理佐佐木先生与齐藤竹之助颇有交情。

与佐佐木见面后，佐佐木表示自己说了不算，但他愿意将总务部长引荐给他。齐藤竹之助只得硬着头皮怀着忐忑的心情与总务部长见了面，见到总务部长之后，齐藤竹之助对总务部长说明了大致情况后，便起身告辞。走出总务部长的办公室，齐藤竹之助暗自欢喜。虽然只是迈出了第一步，可是他觉得成功还是很有希望的。就在这时，齐藤竹之助被大楼的门卫老人叫住了，老人告诉他来销售保险的人不只他一个人，包括开凯迪拉克的人寿保险公司金牌销售人渡边幸吉。

老人的一番话顿时浇灭了齐藤竹之助心中刚刚燃起的希望之火，自己初涉保险业，怎么能跟号称“日本第一”的保险业务员相提并论呢。可是，转念一想：试都还没有试，怎么能不战而败呢？虽然我只是个新人，可我不一定比渡边幸吉差劲。

齐藤竹之助没有知难而退，从那天起，齐藤竹之助开始全力以赴地收集资料、设计方案。他废寝忘食地工作，想要战胜渡边幸吉。他一次次地否定自己的方案，再重新完善。就这样反反复复修改了很多次，最后他终于完成了设计。

这天一大早，齐藤竹之助带着倾注着自己全部心血，专门为东邦人造丝公司制订的保险计划，将计划书交予总务部长。从此，齐藤竹之助每天都要到东邦公司打听自己的计划是否被采纳或者有没有需要修改的地方。

功夫不负有心人，齐藤竹之助的真诚和责任心终于打动了总务部长。总务部长笑着对他说：“齐藤先生，你是我见过的最热心和诚恳的销售人员。我仔细研究了你的计划，感觉很满意。因此，公司经过会议讨论，决定与你签2000万元的合同……”

齐藤竹之助激动得说不出话来，幸得他没有知难而退，才得以战胜了“凯迪拉克”，也战胜了自己。

齐藤竹之助成为最后的胜利者，除了佐佐木的引荐，更主要的还在于他自己的诚恳勤奋和在保险业上的悟性，但这些都归功于一个前提，那就是他的自信。在一个大的客户公司和庞大的对手面前，齐藤竹之助没有看轻自己，自信心让他如愿以偿，笑到了最后。

销售虽然是一个辛苦的职业，但也是销售人员实现自身价值、挖掘潜能的职业。销售行业的门槛看起来很低，但销售人员如果想在竞争洪流中站稳脚跟，唯有勇往直前。

想得太多，干得太少，是销售人员的大忌。只有大量的行动，在战争中学习战争，才能练就过硬的本领，在操场上永远学不会游泳，智慧是在实践中喷发出来的东西，干得太少，想得太多，“思想”就成了行动的负担与阻力，没有海量的拜访，所有的技术技巧工具都是没有用的“装备”。

大师手记

当有人逼迫你去突破自己，你要感恩他。他是你生命中的贵人，也许你会因此而改变和蜕变。

——沃伦·巴菲特

销售就是做好服务

做销售，实际上是在给客户提供服务，并不仅仅是将一个又一个的产品卖给不同的客户；销售工作做得好不好，实际上就是服务做得好不好。所以，销售的本质是一种服务，成交的过程就是服务的过程。

只要客户进店，不管能不能当时成交，当天成交，我们都要持续为客户提供优质的服务。许多自认为有老道眼光的销售人员，在接待客户过程中，自己根据主观意识评判客户的意向等级，这是销售最大的误区。面对每一位客户，都要从一而终，给客户最真诚的服务。

丽丽是一家品牌化妆品店的销售人员，这天，丽丽像往常一样上班，准备热情地接待着每一位客户。不一会儿，店里来了一位年轻的女孩，丽丽微笑着走上前去接待。女孩不断向丽丽询问各种不同档次化妆品的优劣，了解不同化妆品种类的功用，还不时向丽丽询问一些有关美容的知识。丽丽依靠自己以前学过美容的底子，应对得很好。

丽丽本以为这个女孩最后会买上一大堆的化妆品，但是，丽丽费了那么多的口舌，女孩最后轻飘飘地说了一句："我再到别处去看看。"然后，什么都没买就走出了化妆品店。丽丽有些失望，但也没太放在心上，毕竟这样的客户并不少。

第二天，这个女孩又来到了化妆品店。丽丽心想：这次她应该会爽快地掏钱买化妆品了吧。于是，便又微笑着走上前去，问道："小姐，你还是回来了，是决定要买什么化妆品了吗？”

没想到女孩却说：“我还是再看看，你昨天的服务很好，我想让你讲不同品牌的、各种功用的产品，请再给我好好讲解一下，我对化妆品不是很懂，得再深入了解一些。”

丽丽没想到这个女孩会这样回答她，对女孩只问不买的做法很生气，便忍不住地说道：“那你到底想买，还是不想买？我昨天已经给你详细讲过了，如果你对我们的化妆品没有兴趣，我讲再多，你也不会买的。”

丽丽的功利性过强、服务态度差，最终使自己失去了一位大客户。原来，这个女孩是一家大型美容院的采购人员，她想给美容院采购一批新的化妆品，正在做市场调查。而丽丽的做法无疑断送了这次合作机会，不禁令人惋惜。

丽丽的销售服务带有很强的功利性，这种服务会给客户一种很不舒服的感觉，会很容易让客户发觉销售人员功利心太强，提供服务的目的就是想尽办法地赚取更多的钱，如此，客户自然不肯买账。

再来看一个正面案例。

一天，陈女士独自在家忙家务时，忽听到有人敲门。她打开门，询问后得知，原来是一个女孩上门来推销一种洗地毯的清洁剂。

陈女士一向对上门推销比较反感，就想要拒绝女孩。但是这个女孩经过专业化的训练，她应对道：“女士，您不买我们的产品没有关系，我只是想说，现在市场上已经有了这种洗地毯的清洁剂，你可以简单了解下。我看你们家的地毯很漂亮，有没有什么地方有一点点脏，我可以帮你免费清洗一下。”

见女孩态度很诚恳，而且这位陈女士也确实第一次听说有洗地毯的清洁剂，就打开了门，让女孩进来。

女孩得到了主人的允许，就把一点洗地毯清洁剂倒在上面，用布擦一擦，然后再用干净毛巾一抹。那里的污渍真的就不见了，陈女士感到很好奇，也为女孩免费服务的态度所感动，一下子买了两瓶。

相比而言，这个女孩的服务境界就比较高，她秉着服务好客户的态度，不要求客户一定要购买她推销的清洁剂，只是想让客户更好地了解这款产品。像这样的服务就能够为自己创造口碑，进而会直接影响到最终的销售。

无疑，销售是功利性的，而成交大师善于用超出买卖关系的服务来掩盖销售的功利性。

给客户超出买卖关系的帮助

在双方的买卖关系之外，给客户最需要的帮助，这会增加客户对销售人员的依赖和信任度，更有利于销售工作的顺利进行。每一个客户都不可避免地会遇到各种困难，如果销售人员知道某个客户遇到了某种困难，就要想办法帮助客户解决困难，哪怕这种困难与自己的业务无关，这其实也可以为自己的销售工作提供便利，让客户更依赖自己、更信任自己，从而更愿意购买产品。

如果你给客户提供长期优质的服务，你就永远有忠实的客户。只有提供更好的服务才是根本。

大师手记

唯一的专家是消费者，就是你只要能打动消费者就行了。

——史玉柱

成交的客户会感激你的

如果说成交的本质是交换，那么销售的本质就是有价值的交换。销售的过程，就是客户感知产品价值的过程，销售的工作就是要去帮客户建立客户认知或者改变客户已有认知的过程。

在销售当中，面对一种产品，从销售人员的立场来看，是“这个产品我能卖多少钱”；从客户的立场来看，是“这个产品能为我节省多少钱”，一旦双方统一认知，也就促成了成交。

齐格是美国首屈一指的销售点子大王。有段时间，齐格准备销售一种现代烹调设备。这种烹调设备的销售价是每套395美元，在当时，这个价钱简直是天价。

一天，听说一个小城镇正在举行大型的集会，齐格就赶了过去。赶到之后，他便拿出自己的烹调设备在集会现场作演示。一时间，许多人都好奇地涌了过来，并你一言我一语地称赞这种烹调设备。

对这个小城镇里的人而言，这的确是一个新东西。在当时，这个小城镇里的人们使用的是一种旧式烹调设备，这种旧式烹调设备需要消耗大量的燃料，所以齐格对新产品的演示着实让他们大开眼界。

齐格不断地做着演示，并强调这套现代化的烹调设备能节省燃料费用。他还把烹调好的食品散发给人们，请大家免费品尝。

有人一边吃着食品，一边咂咂嘴说：“味道确实不错，不过要我说，你这设备再好，我也不会买。400美元买一套锅，谁有这么多钱，真是天大的笑话！”

此话一出，周围群众一片哄笑。

齐格立时傻了眼，停止了演示，巨大的笑声让他无地自容。自己苦心去销售的产品却成了别人的笑料，他不知如何是好。就在进退两难的时候，他抬眼一看，发现自己认识这个说话的人，此人是当地一位出了名的守财奴，只知道聚财，舍不得花钱。如果不得已要花自己的钱，就像割掉身上的一块肉一样心疼。

齐格深信知己知彼，百战不殆，他清楚，只要抓住对方的弱点，就一定有办法对付他。于是，齐格灵机一动，很快从自己身上掏出1美元纸币，马上撕碎扔掉，问守财奴：“你心疼不心疼？”

看见齐格撕碎了钱，还若无其事地扔掉，守财奴吃了一惊，但他马上又若无其事地说：“我当然不会心疼了，你撕掉的是你自己的钱，如果你愿意，你尽管撕吧，想撕多少就撕多少。”

看到对方这样，齐格笑了笑，接着说道：“我撕的不是我的钱，而是你的钱。”

话音一落，不光是守财奴惊讶，所有在场的人也感到惊讶不已，守财奴追问：“怎么会是我的钱？”

这下，齐格抓住了这个守财奴的话题，马上开始分析说：“你结婚20多年了，对吧？”

守财奴说：“是的，不多不少23年。”

齐格说：“就算20年吧。一年365天，按360天计算，使用这个现代烹调设备烧煮食物，一天能节省1美元，360天就能节省360美元。这就是说，在过去的20年内，你没使用这种烹调设备就浪费了7200美元，不就等于白白撕掉了7200美元吗？”

照这样算下来，20年时间，除掉要买锅的400美元，这套烹调设备可以为守财奴节省6800美元。

接着，齐格盯着守财奴的眼睛，一字一句地说："难道今后的20年，你还要继续再撕掉7200美元吗？"

众人你看看我，我看看你，都不由自主地点头称是。

齐格没有正面回答客户的问题，而是避实就虚，侧面回应。他抓住了这个客户的心理，替守财奴考虑怎么样来为他省钱。算下来，在20年的时间里，除掉要买锅的400美元，可以为守财奴节省6800美元，守财奴何乐而不为呢？

在这次销售当中，齐格用"这个产品能为客户节省多少钱"的说法告诉客户，他们买了自己的产品将会节省多大一笔开销，这样便打动了客户。

在销售中，销售人员信奉的是"以赢利为唯一目标"，这也确实是很多销售人员的出发点，他们为了获取各种利益，不惜损害客户的利益。但是，当客户的利益一旦受到损害时，就会对销售人员的诚信度产生怀疑，这种怀疑又使客户在面对销售人员时普遍持一种质疑的态度，在这种状态下，销售工作就会越来越不好做。长此以往，就会产生各种问题，而这就是牺牲客户利益的后果。

要想使这种状况得以改变，唯一的方法就是在自己赚钱的同时考虑客户的利益。作为一名销售人员，只有能为客户省钱，自己才能赚钱。

大师手记

销售是需要达成双方共好的结果才是唯一出路。

——金克拉

既要做“专家”，也要做“杂家”

在销售领域，不只是销售人员对客户进行打分判断，客户也会判断销售人员是否专业，比如从销售人员的产品知识、需求分析能力、解决问题的能力等方面来判断。

除此之外，销售人员应该要了解行业背景以及同行的竞品，了解它们之间的差异、性价比等，明确自己的产品比起这类产品的优势在哪儿，当客户问起“你知道××这款产品吗？跟你们的产品有什么不同吗？”也能够侃侃而谈，同时也让客户了解到产品的优势，客户会认为你相当专业。

没有一个人愿意把自己或自己的钱交给一个不专业的人，于是提升自己的专业度至关重要，用自信笃定的态度，和专业知识征服客户。

销售人员在大部分的销售过程中都会充当一个“解惑人”的角色，任务是将客户对产品的疑惑消除。只有销售人员把客户所有的疑问都解释清楚，并让对方满意，这笔生意才有做成的可能。在产品越来越丰富的今天，客户日趋理智，盲目消费的人群逐渐缩小，尤其是一些高端产品的消费，很多客户都会货比三家，选出最适合自己的产品。这时，销售人员的介绍是否专业对客户会有很大的影响。掌握专业知识越多，对于自己所销售产品领域的情况掌握越多，越在销售过程中占据优势。

在电脑城，一位客户想买电脑，但是还没有选定牌子。他先来到一家经销A牌电脑的店铺，向销售人员询问A牌电脑的具体性能和配置，销售人员拿出说明书对客户说：“上面都有，您看这个是……嗯……就是这个意思。”销售人员有些问题解释不太清楚。

客户不满地看看他，然后又提了一些比较专业的问题，销售人员挠挠头不好意思地说：“我也不太清楚，您等一下，我去把经理叫来。”

“算了吧！我再去其他店看看。”客户头也不回地走了。

“等一下……”销售人员很无奈。

客户又来到销售B牌电脑的店铺。销售人员热情地接待他，并对他提出的问题一一进行详细的解答，不管是电脑性能、配置，还是B牌电脑的市场情况、售后服务以及与其他品牌相比的优势等等，这位销售人员都对答如流，而且询问了客户的情况，并为他选择了一款最适合的B牌电脑。客户十分高兴，当场测试了电脑，双方商议好价格后，立即成交。

A牌电脑不如B牌电脑吗？B牌电脑一定比A牌电脑更适合这个客户吗？不一定！但是A牌电脑的销售人员对于自己所销售的产品不够专业，让客户感觉不好。所以，这位客户还没有来得及深入了解A牌电脑的具体情况是否是自己所需要的就离开了，使得A牌电脑在竞争还没有开始就已经失败。B牌电脑的销售人员因为专业而抓住了机会，他所销售的产品不可能在各方面都比A牌电脑强。但他利用自己的专业知识让客户十分满意，从而做成了这笔生意。

真正的客户分为三种：一种是在他所要购买的产品方面了解很多，相当于专家，面对这样的客户，只有更加专业的销售人员才能胜任；第二种是对产品一知半解的客户，他们在这方面的知识比较模糊，所以需要专业的销售人员引导他们消费；第三种客户是属于初次接触这种产品，如果销售人员不将产品各方面的情况给他们介绍清楚，让他们真正了解这个产品，交易成功将十分困难。因此，不管是面对哪一种客户，都要求销售人员专业。

由于销售工作的特殊性，销售人员很多时候都是“多面手”。有时候，在客户面前，你要对产品高度熟悉，做一个“产品专家”；有时候，你又需要在很多话题方面，能与客户保持沟通交流。这就需要销售人员不仅要熟知产品知识，平时还要多留意其他方面的知识，比如某个时期的热门话题、养生等方面的知识，成为一个“杂家”，从而与客户有更多的共同语言。

从销售人员自身的角度讲，与客户有共同的话题，将有助于初入这行的人在客户面前增强自信心，不至于出现有一个问题答不上来而方寸大乱的情况，也就为最终的销售成功奠定了不错的基础。从客户的角度来讲，他们更愿意和专业的销售人员接触，也更放心从他们那里购买产品。因此，成交大师既是“专家”，也是“杂家”，是一个优秀销售人员必备的素质。

大师手记

成为你自己最好的销售人员。这样，你会销售出更多的产品。

——布莱恩·特雷西

说服客户前，先说服自己

很多人对销售工作，存在这样一种误解：认为只要是能说会道的人就可以做销售。但这种说法，忽略了一点，销售工作是需要做到全身心投入的。而这种投入，首先在于对销售工作的认可和信任。

很多人说销售最重要的就是说服客户，只要说服了客户成交不是手到擒来？但其实很多人都忽略了一个问题，那就是大部分销售认为客户需要购买自己的产品，实际上不然，是销售人员说服了客户。试想，一名销售人员连自己都说服不了，怎么说服客户呢？

作为一名销售人员，在把产品推销给别人之前，先要说服自己买下来。当你自己从心底真正认为值得拥有自己的产品时，向客户介绍它时才能变得底气十足，才能让客户信服你，这就是销售人员们常说的“要卖就要先买”。

这里所说的“说服自己购买所销售的产品”并不一定是真正意义上的掏钱购买，而是从心理上接受自己所推销的产品，找到它值得拥有的品质，在介绍给客户之前自己先充分肯定它。

你有没有想过自己能向世界级的销售大师乔·吉拉德推销产品？可能很多普通销售人员乍一听到这个问题，会十分紧张地说：“推销给乔·吉拉德？这也太难了，他可是一流的！我没有经验，口才也不太好，肯定不会成功的。”

另外一些自信心很强的销售人员可能会说：“给我一个机会见到他，我一定会成功的。”再问他，你凭什么成功呢？这时的答案可能会千差万别，那么，让我们一起来看看两个保险销售人员在乔·吉拉德面前的表现吧！看看在真实的情况下，他们成功的诀窍是什么。

第一位保险销售人员想说服乔·吉拉德买下50万美元的保险单，当乔·吉拉德问他自己买了多少时，他不好意思地小声回答道：“2.5万美元的保险单，先生。”

第二位保险销售人员抱着相同的目的拜访了乔·吉拉德，也听到了相同的问题，他骄傲地大声回答：“100万美元。”于是，他立刻得到了乔·吉拉德这位客户，而且还是位买了大额保单的大客户。

两个销售人员所推销的是相同的产品，为什么仅仅是一个问题就决出了胜负呢？乔·吉拉德选择从第二位销售人员那里购买的理由很明显，就是因为这位销售人员首先购买了保险单，并且是大额的保单，而第一位虽然也购买了，但是相对于他推销给客户的保单来说，相当于没有。你能想象从素面朝天的化妆品销售人员手中购买护肤品吗？她所说的产品优点你能相信多少？如果她告诉你，她正在使用向你推销的这款护肤品，而她的皮肤确实让你羡慕，作为客户，你拿出钱包的可能性又会有多大呢？

苹果公司创始人乔布斯先生，曾想尽办法招揽百事可乐前总裁—约翰特·斯卡利。结果对方一直犹豫不决，因为他对乔布斯所做的事情，没有太多的把握，也不清楚乔布斯的想法是什么。

然后，乔布斯对他说出了这样一句话：你是愿意一辈子卖糖水，还是跟我一块改变世界？约翰特·斯卡利当场就被说服。乔布斯的言下之意就是：我正在卖的是足以改变世界的产品。

这种对自己产品的自信，正是乔布斯一直以来具备的特质。而从这个故事我们可以看出，乔布斯之所以能够将苹果产品卖给世界客户，正是他一开始就说服了自己。

我们每个人都更愿意去相信那些有过亲身经历的人。长征的历史，很多书籍都有记载，但是，只有听参加过长征的老兵讲起那段历史，才能让人潸然泪下。他们不会使用华丽的辞藻，只是十分朴实的话语和身上真实的伤疤，就能带着听故事的人回到那段艰苦的岁月。虽然他们不用讲述今天幸福生活的来之不易，听众却深深地体会到了这一点，并牢牢将这种感觉记在了心底。这时，对于没有经历过长征而听老兵讲故事的人，长征不再是遥远的历史，而是变成了留在老兵们身上的印记，让人难以忘怀。

飞上太空的航天员讲述失重的经历，是不是比老师站在讲台上指着黑板上的公式讲解更令你印象深刻？

附近又开了一家新的餐厅，价格比较贵，你还没有决定是否去试一试，而邻居刚刚去过，他对你说这家的饭菜不好吃，抛开好奇心不谈，你会怎样选择呢？

要做好一名销售人员，先要让自己成为所推销产品的客户，把自己放到客户中去，而不是放在他们的对立面。抱着向客户介绍好产品的心态，让客户在你身上看到你对产品的信心和给你带来的好处，他信任你之后，生意自然会成功。

大师手记

我总是站在顾客的角度看待即将推出的产品或服务，因为我就是顾客。我就像一个厨师，喜欢品尝食物。如果不好吃，我就不要它。

——查尔斯·斯瓦布

没有耐心做不了销售工作

销售是条漫长又艰辛的路，不但需要冲劲，更需要耐心，不仅是面对难缠的客户时需要耐心，在业绩不佳、陷入低潮时，同样需要耐心。一个没有耐心的销售，要想成功是很难的，因为没有耐心，一遇到困难就会想到放弃，而放弃正是销售的大敌。

成交大师一致认为，销售工作没有什么捷径，都得一步一个脚印地走，有不少客户实际上都是经过反复拜访才最终实现合作的。

在实际销售工作中，急于求成的销售人员不乏其人。很多销售人员在工作时心急火燎，总是希望能够尽快和客户签单，一旦客户迟疑一点，销售人员就开始沉不住气，对客户一催再催，给客户造成很强的压迫感，这样不仅容易引起客户的反感，还会对今后的合作产生不利的影响。

戴夫·多索尔森是美国著名的销售专家、培训大师，被誉为“创造性销售”的创始人。当戴夫·多索尔森还在从事广告销售工作的时候，他所在的公司遇到了一位很难对付的潜在客户，许多销售人员都在他那里碰了钉子。可是，戴夫·多索尔森天生喜欢挑战，喜欢把那些不可能都变成可能。这天，他决定去找这位大家都不抱希望的客户谈谈，他想试试自己的运气。

拜访之前，戴夫·多索尔森详尽地调查了这位客户的相关信息，了解到该客户的公司主要生产家具，在产品推广上一般采用直销策略。即使会选择作广告，也是多选用平面媒体，一年会在其中投入几万美元，而该公司对于电视广告的投入，每年一般不超过1000美元。

经过一番努力，戴夫·多索尔森终于获得了与这位客户面谈的机会。

见面后，尽管戴夫·多索尔森说得口干舌燥，可该客户却始终听而不言。戴夫·多索尔森仍不甘心：“先生，如果我能制订出更好的计划，您是不是还会见我？”

“你太有趣了，小伙子。如果你真的会有更好的点子，我乐意再次倾听。”

戴夫·多索尔森从客户的办公室一出来，便暗自发誓一定要拿下这位客户。他计划每周向这位客户介绍一个新的构想，直到对方满意为止。

戴夫·多索尔森为了找灵感，还查遍了电视台的所有广告词，并耐心地向制片人请教，请他们帮助拍摄制作片花。他像着了魔一样，把大部分精力都放在这件事情上，他用一股不服输的劲头一直坚持着。

终于有一天，戴夫·多索尔森和一位广告制片人一起看一盘录像带，是一位摄影师随便拍摄的。因为这盘录影带是有关家具店的，这位广告制片人认为会对戴夫·多索尔森有一些启发。录像带的前面部分只是一些普通的画面，可是当出现家具店的标志时，却看到了制片人用电子手段给这个标志做出了一个像彗星般缓缓移动的尾巴。这个画面让戴夫·多索尔森激动不已，他急忙打电话给家具店的老板，约他来看录像带。

看完录像带后，这位难以对付的老板终于吐出了几个字：“好，这个方案我接受。”

从第一次上门拜访该客户到他说出这几个字，戴夫·多索尔森花了整整一年半的时间，而且在这么长的时间里，他坚持不懈地每周去拜访并且不断提出新的建议。值得欣慰的是，戴夫·多索尔森的努力为他带来了丰厚的回报。因为，他不仅为电视台赢得了一个大客户，同时也为自己挣得了一大笔佣金。

戴夫·多索尔森此次的成功不能说是一帆风顺的，甚至还颇费周折，但他用最终的成功证明了自己辛苦的价值。

销售人员应该明白，很多时候，在销售工作中急于求成，不顾一切地蛮干，只会让事情变得更糟糕。而冷静客观地分析情况，根据不同的对象分别对待才是聪明的做法。客户有时候需要仔细地思考，认真地对比，深入地权衡才会作出最后的决定，所以，销售人员要给客户思考的时间，做好放长线钓大鱼的准备，以稳重的姿态来赢得客户的信赖。

做销售工作需要耐心，不可能一蹴而就。情绪急躁的销售人员，做什么事情都不能冷静沉着，他们做事缺乏计划性，经常会颠三倒四、手忙脚乱，结果是什么也没少做，却什么也没有做成，反而更容易着急上火，形成恶性循环。虽然说做工作需要有紧迫感，不拖拉、不延缓，但要急中有细，快中求稳，按计划一步步地实施，而不是要省略过程，直接追求结果。

总之，销售需要从容，急躁只会功亏一篑。对于享受销售的人来说，销售过程应该和享受生活一样是从容不迫的。在销售中，销售人员要有足够的耐心，才能冷静地应对各种场面，化解各种危机，使自己在销售过程中游刃有余，取得可喜的销售业绩。

大师手记

等待，直到出现所有的信息都对你有利。推销必须有耐心，不断地拜访，以免操之过急，亦不可掉以轻心，必须从容不迫，察言观色，并在适当时机促成交易。

——齐格·齐格勒

永远保持情绪稳定

在做销售过程中，不免遇到一些刁难的客户、一些打击你的客户、一些难缠的客户；总之，在销售中都会遇到各种各样不同性格，不同脾气的人，作为一名销售人员，如果没有一种宽容的心态去面对的话，很容易被这些人给活活气死。当你面对这些客户的时候，唯一的生存法宝就是：莫生气！

作为销售人员，须悟透这一定律，控制好自己的情绪，如此一来成交便不难。这一定律就是心理学中的“踢猫效应”。

“踢猫效应”是指：人的不满情绪和糟糕心情，一般会沿着等级和强弱不同的社会关系组成的链条依次传递。由金字塔尖一直扩散到最底层，无处发泄的最弱小的那一个元素，则成为最终的受害者。情绪有时就像是传染病一样，会在一定的范围内快速蔓延。尤其是作为领导不能控制自己的情绪时，不良的情绪传染给他人的几率是非常大的。

有研究表明，有利的外部环境将有助于实现销售目标，但在实现销售目标的过程中，与其他不利因素相比，销售人员内心深处消极的心态，是造成成交率低的重要原因。如果不消除消极态度下的自我麻痹，进行积极的情绪管理，即使再有利的外部环境，也无法取得成就卓越的成交业绩。

某公司董事长为了提高员工效率，针对上班迟到问题作出了严格的规定：以后谁迟到，就扣谁的奖金！并表示自己将以身作则，带头执行。可是偏偏在这一规定生效的第一天，董事长本人因为上班途中闯红灯被扣，不仅被开了罚单，而且自己“首先”迟到了！

到达公司后，董事长一肚子无名之火，就将一名销售主管叫来训斥了一顿。销售主管被骂得一头雾水，带着一肚子火刚回到自己的部门，正好秘书来请示问题，主管又把秘书当出气筒臭骂一顿。秘书不知道为什么挨了一顿骂，下班后，把一股恶劣情绪带回家。这时，她的儿子像往常一样扑进怀里撒娇，她把儿子往旁边一推，厉声责骂起儿子来。儿子莫名其妙，受了委屈，心里很窝火，正好这时小猫在旁边撒娇，儿子便狠狠踢了小猫一脚。可怜的小猫只好乖乖地躲到了床底下。

这则案例就是“踢猫效应”的典型体现。假如公司遇到了突然的困难，如果经理先惊慌失措，那么他可能不会影响老总，但是他百分之九十九会把这种不安的情绪传染给自己的下属，大家都不能把精力放在解决问题上，这个困难给公司带来的损失将继续扩大。如果经理在突然的变故之下十分镇静，情绪稳定，那么，他的部下们也会冷静地处理问题，公司也会在大家共同的努力下渡过难关。

与这样的情况相似，当一个刚刚进入销售领域的销售人员去见客户时，尤其当客户的身份和地位较高时，客户的情绪也会传染给销售人员，如果这位销售人员不能控制自己的情绪而被客户的情绪带着走，那么，生意的成败就只能在客户手中掌握了。更严重的一种情况是销售人员被不良情绪影响并不能自控，在客户面前失态，使得自己在对方心中的印象大打折扣，双方的关系也无法再进一步，从而最终导致成交失败。

做销售就要有乐观的心态，不管是客户拒绝了你还是因为其他都不要责怪和埋怨客户，更不要在客户面前表现出生气或者消极的样子，我们销售最终的决定权在客户手中，你只要在销售中给客户做好咨询，解答客户问题就行。因为情绪有很强的带动性，我们在销售中情绪的变化很大因素影响客户最终的决定，乐观的心态利于销售最终的结果向我们内心期待的方向发展，让我们从困难中找到希望，乐观的销售也容易发挥自身潜力取得更大的机会。

销售人员情绪低落或者想要发火的时候，先深呼吸几次，默默地告诉自己冷静、微笑。如果还是不能改变不良的情绪，那么，要试着想一些愉快的事情，分散注意力，直到自己认为可以的时候，再继续和客户接触。

学会控制情绪对于销售人员来说十分重要，尤其是在与客户面对面的谈判时和遇到客户情绪不好时。普通销售人员要加强这方面的锻炼，情绪稳定，才不会消耗能量，可以保留更多能量去完成成交。

大师手记

你需要有独立思考的能力，要根据事实推理得出结论，而不是看别人怎么说，只根据事实来说话。

——巴菲特

心理暗示“我是最棒的”

自信，是成功销售人员基本的特质。小谢还没有开始真正从事销售工作，就对自己没有信心，总怕干不好，想到的都是失败的可能和失败后带来的不良后果，不相信自己有干好的能力，也就一次次将机会错过。

在销售的过程中，尤其是在与客户面对面的沟通中，自信是销售人员成功的“法宝”。有了这个“法宝”，在与地位高、名气大的人打交道时，就不会出现临阵退缩的情况，自然也就增加了客户了解你、了解产品的可能，也为最终的销售成功奠定了良好的基础。如果遇到地位高于自己的客户，就出现紧张、不自信的状况，那么，很多大客户就会因此而失去，而成交的可能性也就微乎其微了。

“我不行，还是让王经理去吧！”刚刚进入公司的大学毕业生谢某说。本来老总想给这位新员工一次表现自我的机会，但是，没想到他竟然直接拒绝了。老总看看紧张的谢某，随后说：“这个客户是公司的老朋友了，没关系，你给他打个电话约好见面的时间，然后把我们公司新产品的资料送过去，再给他介绍介绍就可以了。具体的做法不是在前期的培训中学习过了吗？”

“我会在今后的工作中继续努力学习的，请老总……”谢某的话还没说完，老总生气地说：“好了，你出去吧！把王经理叫进来。”听了老总的话，又看到老总不悦的表情，谢某立刻紧张地离开，并通知了王经理，然后坐到自己的位置上，努力平复着情绪。

10分钟后，王经理从老总的办公室走出来，看了看谢某，然后对全体新员工说：“大家准备一下，一个小时后进行模拟的新产品介绍，每个人有15分钟的时间，我和几位经理作为评审，第一名的销售人员明天代表公司去见客户。”

几名新人听了这个消息显得很兴奋，并马上拿出新产品的资料开始准备，而谢某却显出了不安和紧张的神情。准备时间很快过去了，公司的经理们先后来到了新员工的办公室，大家争先恐后地上台演讲，尽管演讲过程中有一些不合适的地方，也有出错的地方，台下的经理们都边听边给员工指出，他们也都认真地听着。时间过得很快，除了谢某，其他的新销售人员都已经讲完了，大家不约而同地看着一直默默不语的谢某。

大家沉默了许久，王经理失望地说道：“好吧！这次新产品的模拟介绍到此结束，小谢算是自动弃权，其他人等通知。”

一个半小时后，王经理从办公室出来，再次把谢某叫进了自己的办公室，语重心长地说道：“小谢，做销售一定要有信心，不只是对我们公司产品有信心，更要对你自己有信心呀！你的培训考试成绩是所有新人中最好的，为什么没有自信呢？本来公司决定以考试成绩来定明天的人选，可是你却因为不自信而主动放弃了这次机会，老总很失望，也批评了我的选拔方法。我想再给你一次机会，让你先在同事面前展示，没想到你还是不自信，看来你不太适合做销售。我建议你选一份其他的工作，或者先增强一下自己的信心再开始从事销售吧！这是你前一段时间的工资，希望今后你能有个更适合的工作。”

我们常听到一句话：“如果你都不相信自己，那还有谁能相信你？”就算别人给了你机会，而你根本就不相信自己能办成。下一次，对方还会把希望放在一个不自信的人身上吗？小谢的领导不止给了他一次机会，而他都没有珍惜，没有自信，尽管他是考试中的佼佼者。小谢的不自信在销售人员这个职业中是绝对不可取的，也是最容易被淘汰的，不仅仅是小谢的公司不会冒险用一个不自信的销售人员去推销自己的产品，任何公司都不会轻易将小谢这样的销售人员留下。因此，小谢的失业不是因为他的能力不够，而是因为他尽管考试得到了最好的成绩，也不相信自己是最优秀的，甚至在一个出错的人讲完之后，还是没有信心展示自己。

在心理学上看来，潜意识一直是一种比较强大的力量，潜意识改变我们的人生，潜意识能让一个人从弱小的我，通过心理暗示慢慢变得强大。同样潜意识也可以让我们从自信变得自卑。人的潜意识是一种内在操控系统，让我们的人生发生改变。

有位知名的培训师在他的演讲中曾讲过，有一个著名的销售人员在见客户前一定会照着镜子对自己说：“我是最棒的！”

先给自己打气，给自己更多的信心，让自己从内心和表情上都充满了信心，并把这样的自信传达给客户，让他们在欣赏你的同时也信任你，成交的可能性也就在这种良好的气氛中增强了。

刚刚入行的销售人员更需要自信。万事开头难，有了自信的相伴，你会抓住更多的机会，创造更大的可能，也会在成为成功销售人员的道路上走好每一步。

大师手记

销售是信心上的建立，情绪上的控制，体力上的说服。

——原一平

服务独特，火速出圈

——无论推销什么，先推销自己！

有时候没有把服务做好，哪怕就是一点服务细节，如果影响了客户的感受，就会放大产品瑕疵，导致订单最终无法成交。服务竞争时代已经来临，服务内卷很严重，竞争很激烈。要想突围而出，提供的服务必须独特。

别忘了笑对他人

一个善于微笑的销售人员一定会比一个总是板着脸的销售人员更受客户的欢迎。真诚的、发自内心的微笑才能温暖和打动别人的心，这就是微笑的魅力。微笑会使销售人员的相貌更加动人，微笑会使销售人员的声音更有魅力。

笑可以增加你的面值。吉拉德这样解释他富有感染力并为他带来财富的笑容：皱眉需要9块肌肉，而微笑，不仅用嘴、用眼睛，还要用手臂、用整个身体。

“当你笑时，整个世界都在笑。一脸苦相没有人愿意理睬你。”他说，从今天起，直到你生命最后一刻，用心笑吧。

我国有句俗语，叫“非笑莫开店”，意思是做生意的人要经常面带笑容，这样才会讨人喜欢，招徕客户。这也如另一句俗话所说：“面带三分笑，生意跑不了。”

威廉原来是美国家喻户晓的职业棒球明星球员，到了40来岁因体力日衰而被迫退休，而后去应征保险公司推销员。

他自以为凭他的知名度理应被录取，没想到竟被拒绝。人事经理对他说：“保险公司推销员必须有一张迷人的笑脸，但你却没有。”

听了经理的话，威廉并没有气馁，立志苦练笑脸，他每天在家里放声大笑上百次。

经过一段时间练习，他去见经理。可经理说还是不行。

威廉没有泄气，继续苦练，他搜集了许多公众人物迷人的笑脸照片，贴满屋子，以便随时观摩。

他还买了一面与身体同高的大镜子摆在厕所里，只为了每天进去大笑三次。隔了一阵子，他又去见经理，经理冷冷地说："好一点了，不过还是不够吸引人。"

威廉仍不死心，又回去苦练了一阵，终于悟出"发自内心如婴儿般天真无邪的笑容最迷人"，并且练成了那张价值百万美元的笑脸。

著名推销员乔·吉拉德说，有人拿着100美金的东西，却连10美金都卖不掉，为什么，你看看他的表情，要推销出去，自己面部表情很重要：它可以拒人千里，也可以使陌生人立即成为朋友。

在上海的一次车展上，一位穿着朴素的大叔在漫无目的地闲逛。他走到一个展位，对销售人员说："我想买辆好一点的汽车。"

销售人员上下打量着这位大叔，脸上没有微笑，冰冷冷地回答说："先生，你自己先随便逛逛，看看有没有喜欢的车型。"然后，转身接待别的客户去了。

这位大叔没有得到专业的介绍，见销售人员如此冷漠，便失望地走开了。大叔继续在车展上转悠，当他来到另外一个展位时，一位销售人员热情地接待了他。销售人员的微笑就像阳光一样灿烂，让大叔仿佛看见了太阳一样温暖。于是他对销售人员说："我想买一辆好一点的车。"

销售人员微笑着回答说："没问题，您喜欢什么样的车型，或者让我来为您介绍一下，您看好吗？"

大叔点头说："可以。"于是，销售人员开始介绍公司的主推车型，并在介绍期间面带微笑地询问大叔有什么意见和想法。最后，大叔买了一辆价值200万元的车，并对销售人员说："我特别喜欢你微笑的样子，让我感觉我是受欢迎的，在这次的车展上，你的微笑成功地推销了你自己。"

微笑就是有如此大的魅力，特别是在销售和服务行业。它不仅能够为销售人员增添魅力，还能够营造出一种友好、亲切的氛围，从而增强客户的信任感和愿意与销售人员交流的欲望。

一个真诚的微笑能够传递出积极的情绪和态度，这种积极的情绪会在对话中体现出来，让客户感受到被尊重和重视。相比之下，面无表情或者冷漠的态度则可能让客户感到被忽视或不受欢迎。此外，微笑还有助于缓解紧张和疑虑，使得交流更加顺畅和愉快。它可以降低交流双方的防御心理，促进更深入的沟通和理解。

现实的工作、生活中，一个人对你满面冰霜、横眉冷对；另一个人对你面带笑容、温暖如春，他们同时向你请教一个工作上的问题，你更喜欢哪一个？显然是后者，你会毫不犹豫地对他知无不言，言无不尽；而对前者，恐怕就恰恰相反了。

的确，如果说行动比语言更具有力量，那么微笑就是无声的行动，它所表示的是："我很满意你，你使我快乐，我很高兴见到你。"笑容是结束说话的最佳"句号"，这话真是不假。

有微笑面孔的人，就会有希望。因为一个人的笑容就是他传递好意的信使，他的笑容可以照亮所有看到他的人。没有人喜欢帮助那些整天皱着眉头、愁容满面的人，更不会信任他们。微笑是十分奇妙的，它能在生活中荡开一层层水圈，把生活的湖泊变成一种源自于生命深处的美感。

任何一个人都希望自己能给别人留下好感，这种好感可以创造出一种轻松愉快的气氛，可以使彼此结成友善的联系。一个人在社会上就是要靠这种愉快的联系才立足的，而微笑正是打开愉快之门的金钥匙。

请细读艾勒·哈巴德这段忠告——但记住，并将这段话付诸行动：

“每当你出门的时候，应该缩起下巴，把头抬得高高的，让肺部充满空气；沐浴在阳光中，用微笑来招呼朋友们，每次握手都使出力量。不要担心被误解，不要浪费一分钟去想你的敌人。试着在心里肯定你所喜欢做的是什么，然后在明确的方向之下，你会径直去实现目标。心里想着你所喜欢做的那些有意义的事情，当岁月消逝的时候，你会发现自己无意识地掌握了实现你的希望所需要的机会，正像珊瑚虫从海水汲取所需的物质一样。在心中想象着那个你希望成为的诚实的、智慧的、能干的人，而这种想法，会使你每时每刻都在向那个理想的人转化……思想是至高无上的。保持一种正确的人生观——勇敢、坦白和愉快。思想正确就等于创造。一切事物来自希望；而每一个诚挚的祈祷，都会实现。我们心里想什么，就会变成什么。把下巴缩起来，把头部高高昂起，我们是明天的上帝。”

绝顶聪明的古代中国人，对世界上的事物都看得很透彻，他们有一句格言，我们应该记住并把它写在帽子上，那就是“和气生财”。

大师手记

争取顾客的办法很多，招待观光绝对比不过亲切的笑容。

——松下幸之助

第一印象很重要

销售人员与客户第一次见面的时候，客户对于销售人员的第一印象将直接关系到客户对销售人员的喜爱程度，也就关系到了销售的成败。

给客户一个良好的第一印象很重要，要让客户看到你的第一眼就对你产生好感。特别是刚刚从事销售行业并认为销售很难做的销售人员，一定要注意见到客户时脸上的表情和所表现出的气质，大方、不卑不亢是最好的选择。

眼睛是心灵的窗口，心中的想法很多都可以从眼睛中表现出来。销售人员在第一次见到客户时眼睛一定要直视对方，千万不要躲躲闪闪，使对方无法看清你的眼睛。因为客户如果看不到你的眼睛或者感觉你在躲避他的眼睛，那么，客户往往会怀疑你的诚信，也会怀疑你所推销产品的质量，导致你们之间的话题还未开始就面临着结束。客户还没有看到你所推销的产品就已经从心底排斥这次推销活动，也就是因为销售人员留给他的第一印象很差。那么，销售自然也就注定会失败了。

递名片有讲究

销售人员第一次见到客户的时候，礼貌地将自己的名片递给对方是给第一印象加分的好方法，也可以让客户不只听到你的名字，还看到了你的名字。加深了印象不说，客户也感受到销售人员对他的尊重。

在通常的社交礼仪当中，如果有一方递上了名片，另一方也应该拿出自己的名片递给对方，以示尊重。因此，销售人员将名片递上时，在正常情况下是可以“换”到客户名片的，也就为下一步双方再次见面拿到了“名正言顺”的联系方式。

不过，有时，客户并不愿意给初次见面的陌生销售人员名片，尤其是没有电话预约，突然来访的销售人员更难拿到客户的名片。销售人员可以礼貌地索取，有些客户出于面子的考虑会将自己的名片递给销售人员，而有些客户会用某些理由拒绝。不管遇到哪一种情况都是正常的，销售人员要摆正心态，继续销售活动，将好的第一印象持续下去。

为了将良好的第一印象留给客户，销售人员的名片也是有讲究的。

首先，名片必须“整洁”，上面不能有污渍，更不能有折痕。否则，对方会觉得你给了他一张用过的名片，或者觉得你并不重视这次拜访，从而给客户留下一个十分不好的第一印象。

其次，名片上所罗列的信息要让人一目了然，切忌太多的信息。另外，作为宣传的广告并不宜在名片上出现。除了上面的要求外，名片印制所用到纸张的质量、颜色、大小也有讲究，除了要美观、大方外，也要符合销售人员的身份和所推销的产品。

名片的样子可以有一些特点，但是不要刻意追求个性。也许有些销售人员会认为有个性张扬的名片会让对方快速记住自己，但是，过于个性的东西在普通的场合并不适用。销售人员的名片如果太过个性，反而会给客户留下怪异的感觉。因此，选择稍有特点又能适合大众口味的样子最为妥当。

名片要随身携带，并且要准备得多一些，尽量不要出现遇到客户却没有名片的情况。每一张名片都可能带来一个真正的客户，而因为没有带够名片或者忘记递给对方名片而失去了一个可能的客户，对于每天十分辛苦奔波的销售人员来说，将是一个很大的损失。

名片要放在便于取出的地方，比如上衣的兜里或者包里，最好能一次就拿出来，不要在遇到客户的时候找来找去的。将名片递给客户时要双手轻托，并举到齐胸的高度，正面要朝向对方，使对方接到名片时便于阅读。接到对方的名片时要先仔细看一看，如果能大声读出对方的名字更好，但是对于比自己年长很多的客户，不要轻易直呼其名，用先生、女士的称呼比较妥当。看过对方名片之后，要仔细将其放入上衣的口袋中或者名片夹里，千万不要随意将其放在桌子上，更不能走时忘记拿。不然，客户会认为你对他不尊重，这样的做法也有些失礼。

另外，如果对方的姓名中有你不认识的字，最好当着他的面向他请教，这样不仅能表现出你对客户的尊重与重视，更能避免读错了客户的名字而造成对方的不悦，也会避免自己在对方面前显得很没有面子。

当见到的客户不止一个人时，要先将名片递给职位高的、年纪长的人。如果在见客户之前并没有了解到这些客户的具体情况，不能分清他们的职位高低，那么按照一定的顺序递给他们也可以。

握手有讲究

与客户握手也是要注意的事情。有些销售人员认为推销的过程要主动、热情，因此在见到客户的时候需要主动伸出手与其握手，可是这样的想法并不能适用于每一次与客户的见面。一般来说，都应该是比较“尊贵”的一方先伸手，比如长辈、女士、上级是先伸手的一方。

握手时候的力度和时间也要掌握好“度”，不宜过大、过小或过长、过短。否则会给对方造成不舒服的感觉。如果能适当学习对方握手的方法也是可取的，比如客户握手时很用力，那么，作为销售人员，与他握手的时候也可以比较用力。这样，会让对方感觉和你有“共同点”，交流起来也就容易很多。

注意握手的时候不管用哪种方式都要显得在意，千万不要心不在焉，让对方感觉到你在应付。更不能边握手边干其他的事情，比如打电话、打招呼等。

这些行为不只不礼貌，对于给客户留下一个良好的第一印象也十分不利。

距离，在人与人交往时是很微妙的。把握好初次与客户见面时双方的距离，将使客户认为销售人员做事很有分寸，没有过于冷淡或者过于热情，给客户安全、舒适的感觉。销售人员与客户交谈时要保持一定的距离，不能过远，也不能过近。

与客户第一次见面时，销售人员的话语也会给第一印象加分或者减分。在这一点中，销售人员主要注意与客户同步就可以了。

什么是同步呢？当客户是个慢性子的人时，销售人员也要适当地把自己的语速放慢，紧随客户的脚步；当客户是个雷厉风行的人时，销售人员也要加快语速，让对方感觉你是个干脆利落的人；当客户是个文质彬彬的学者，说话极有深度时，销售人员也要尽量显示出自己儒雅的一面，如果做不到，最好表现出虚心的样子；当客户是个“大老粗”时，销售人员也要多用一些俗语，千万不可用对方听不懂或者感觉你在故意显示自己文化高的词。因此，在语言上与客户同步，让你们之间的谈话在一开始就很和谐，让客户感觉到你和他是同样的一种人，他对你的第一印象还能不好吗？

总之，在第一次见到客户时，从各方面多注意，给对方留下一个良好的第一印象，将使你在他面前成功地迈出第一步。

大师手记

第一印象和最后印象非常重要，人倾向于根据第一印象对人下结论。

——劳伦斯

将服务做到极致

在销售活动中，有一部分销售人员对服务是不够重视的，即使重视也带有强烈的功利性。然而，不带功利性的服务，是一种无私、真诚付出，更能打动客户的心。他会觉得你这个人和其他销售人员不一样，即使没有跟你买东西服务还这么好，如果跟你买东西的话，服务肯定会更好。所以说，要想打动客户的心，销售人员给客户提供服务时，就不能带有功利性，要超出买卖关系，这是很多正反两方面实践证明了的成功经验。

日本东京贸易公司有一位专门负责为客商订票的小姐，她给德国一家公司的商务经理购买往来于东京、大阪之间的火车票。不久，这位经理发现了一件趣事：每次去大阪时，他的座位总是在列车右边的窗口；返回东京时又总是靠左边的窗口。经理问小姐其中缘故，小姐笑答："车去大阪时，富士山在你右边，返回东京时，富士山又出现在你的左边。我想，外国人都喜欢日本富士山的景色，所以我替你买了不同位置的车票。"

就这么一桩不起眼的小事使这位德国经理深受感动，促使他把与这家公司的贸易额由400万马克提高到1200万马克。

查尔斯·狄更斯在他的作品《一年到头》中写道："有人曾经被问到这样一个问题：'什么是天才？'他回答说：'天才就是注意细节的人。'"

多读一些名人传记，你就会惊奇地发现，名人之所以成为名人，其实没有什么特别的原因，竟然只是比普通人多注重一些细节问题而已。东汉的薛勤曾说：“一屋不扫，何以扫天下？”令人深思。在许多平凡琐细生活中，往往都含着一些酵质，假使酵质膨胀了，就会使生活发生剧烈的变化，从而影响一个人一生的命运。

那些对自己的本性毫无认识，永远不屑于做细微之事的人，永远成就不了任何伟大的功业。成交大师皆善于把小事做好。“即使是小事也要做到最好”体现的是态度、能力、敬业精神，一种高度的自驱力，一种找准目标永不放弃的执着精神，一种有思想、知道自己该干什么，怎样干的负责精神。

东京寿司大师小野二郎对寿司制作的每一个环节都追求极致。他每天凌晨4点起床，亲自前往市场挑选当天最新鲜的鱼料。他对米饭的处理也极为讲究，使用特制的醋来调味，并严格控制温度和湿度，确保每一粒米都达到最佳状态。为了保证口感，他还会在客户到达餐厅前，将米饭加热到最佳温度。小野二郎甚至会亲自训练每一个徒弟，让他们掌握每一个制作寿司的细节，例如如何切鱼、如何摆盘等。他的这种精益求精的态度使得他的寿司被誉为世界上最好的寿司之一。

一位哲人说过：无论做什么事情，你的态度决定你的高度。在日常工作中，更多的时候，我们需要向自己的工作态度而不是工作能力挑战：即使是小事也要做到最好。

成大事需从点滴小事做起，成功的推销员，不应放过任何一个小细节，也不应放过任何一个可能的购买对象。

“成功应从细节做起。”这是一个合资企业的老板在给新员工开会时讲的第一句话。确实，在职场中许多年轻人常常因忽略了工作中的一些“小事”，耽误了自己的职业前程。归纳起来，大概有以下几个方面：

早晨时间不抓紧。如果你踩着上班铃声踏进办公室，手里抓着没来得及吃的早点，在众人注视下坐在办公桌前，不管这一天你干得多有成效，你的功绩也会在他人心中大打折扣。

想当所有人的好朋友。在工作中，很多人煞费苦心地结交朋友，而不是以工作实绩赢得别人的尊重。可是，只有赢得别人的尊重才更有助于提升。在升职加薪方面，好感是没有多大用处的。

动不动就找老板要答案。确实，一些问题必须由上层主管决断，可是，事无巨细都向领导请示，领导会认为你缺乏办事能力。久而久之便会对你失去信心，这样的员工是很难得到提升的。

交代事情不清楚。如果你主持一个会议，传达上级指示，结果散会后所有人都不知道自己该做什么，那么你纯粹是浪费他人的时间。平时在工作中与上司和同事交流时也要用确切的语言，表达清楚你对某件事的认可或看法。不要让别人老问你在说什么。

大师手记

我不是在推销一种产品，而是在推销一种感觉。销售游戏的名称就叫效劳，尽量给你的客户最好的效劳，让他一想到和别人做生意就有罪恶感。

——乔·吉拉德

听客户想说的，听你想听的

有80%的销售人员都认为销售最关键的就是嘴巴会说话，所以一见到客户就滔滔不绝，而大部分客户都还没有耐心听完你讲就拒绝了。其实真正的成交大师则认为做销售耳朵要比嘴巴重要！沟通从心开始，第一步就是学会倾听，在销售中，80%成交要靠耳朵完成，仅有 20%靠嘴巴来讲解。

在美国，曾有科学家对同一批受过训练的保险推销员进行过研究。因为这批推销员受到同样培训，业绩却差异很大。科学家取其中业绩最好的10%和最差的10%作对照，研究他们每次推销时自己开口讲多长时间的话。

研究结果很有意思：业绩最差的那一部分，每次推销时说的话累计为30分钟；业绩最好的10%，每次累计只有12分钟。

大家想，为什么只说12分钟的推销员业绩反而高呢？

很显然，他说得少，自然听得多。听得多，对客户的各种情况、疑惑、内心想法自然了解很多，自然他会采取相应措施去解决问题，结果业绩自然优秀。

善于倾听对家庭、企业还有这样的好处：

大家知道，日本松下电器驰名全球，它的创始人松下幸之助就特别善于倾听。他说，如果你手下的人提的意见、建议你都不听，那长此以往，他们就不愿再提了，脑子也不愿开动了。因为提了也没有用，听你的不就好了嘛！这样做，手下的人还有积极性吗？脑子还会开动吗？智慧还能激发出来吗？显然不行，这样公司会死气沉沉。在企业是这样，在家里也是这样。

善于倾听，还能使你有好人缘。

因为一般人喜欢讲，不善于听。因此，他喜欢讲，你正好喜欢听，那自然是一种特别和谐、特别美妙的组合。

善于倾听，意味着要有足够的耐心去强迫自己对别人感兴趣。如果你认为生活像剧院，自己就站在舞台上，而别人只是观众，自己正在将表演的角色发挥得淋漓尽致，而别人也都注视着自己。如果你有这种习惯，那你会变得自高自大，以自我为中心，也永远学不会聆听，永远无法了解别人！

从现在开始，对别人多听多看，将他们当作世上独一无二的人对待，你将发现你比以往任何时候更善于与人沟通。

推销员倾听时应该注意技巧。通常推销员倾听客户谈话时容易犯的毛病就是只摆出倾听客户谈话的样子，内心却等待机会将自己想说的话说完。这种沟通方式效果是相当差的，因为推销员听不出客户的意图，听不出客户的期望，其推销自然也就没有目标。培养倾听的技巧有以下几种方法：

一是培养积极的倾听态度，站在客户的立场考虑问题，了解客户的需求和目标。推销员有时候应该反问一下自己，既然客户都有耐心倾听我对产品的介绍，我又为什么没有耐心倾听客户对需求的陈述呢，将客户的陈述当作是一次市场调查也是相当不错的主意。

二是保持宽广的胸怀。不要按照自己想要听到的内容来做出判断，对客户的陈述不要极力反驳，以免影响沟通的正常进行。

三是让客户把话说完。不要打断客户的谈话，客户也没有时间整天对你这样说下去，他的倾诉也是有限度的，推销员应该让客户把话说完，让他把自己的需求说清楚，推销员才能够依照客户的表述来决定自己该说什么和怎么说、该做什么和怎么做。

四是不要抵制客户的话。即使客户对推销员采取批评的态度，也应该请客户把话说完，以便找到可以解释的地方。抵制客户的话往往会导致客户对你的话也采取抵制态度。

五是站在客户的立场上想问题。客户的诉说是有理由的，他不会平白无故也不会不着边际，关键问题就是推销员如何理解客户的诉说。推销员应该从客户的诉说中找到客户的隐情，以便采取有针对性的推销。

此外，聆听客户讲话，必须做到耳到、眼到、心到，同时还要辅之以一定的行为和态度。我们将倾听技巧归纳如下：

一是身子稍稍前倾，单独听客户的谈话，这样是对客户的尊重。

二是不要中途打断客户，让他把话说完。打断客户的谈话是最不礼貌的行为。

三是注视客户的目光，不要东张西望。

四是面部要保持很自然的微笑，适时地点头，表示对客户谈话的认可。

五是适时而又恰当地提出问题，以配合对方的语气来表达自己的意见。

六是可以通过巧妙的应答，将客户的谈话引向所需要的话题。

请时刻记住，倾听也是一门艺术，并不是人人都能做到、做好。

别做光说不练的人，将仔细倾听当作你的行动之一。

大师手记

销售的艺术在于沟通，成功的销售人员在于会倾听。

——大卫·奥格威

主动解决问题好过追责

作为推销员，你应该明白这一点：客户之所以能接受你的推销，就是因为需要你替他们解决问题。但是生意未能成交的话，你实际上又创造了另一个问题。

在推销过程中难免会出现“言多有失”的情况，当出现错误时，那些经验不足的推销员往往不敢承认错误，甚至制造另一个错误来掩饰上一个错误；而一些经验丰富、优秀的推销员，则会充分利用这个时机，自己先责备自己。

一天，一位为公司推销日常用品的销售人员走进一家小商店里，看到主人正忙着打扫卫生。他热情地向店主介绍和展示自己公司的产品，然而店主却默默地望着他，对于他的举动毫无反应。

对此，销售人员毫不气馁，他又主动地拿出自己所有的样品向店主推销。他认为，凭着自己的热情、执着以及完美的推销技巧，店主一定会被他说服而最终向他购买产品的。但是，令人出乎意料的是，那店主却愤怒万分，用扫帚将他赶出了店门。

莫名其妙的销售人员被店主的恨意震惊了，他决心要查出这个人如此恨他的原因。于是，他利用休闲的时间去其他销售人员那里了解情况，终于弄清楚那个店主对他如此不满的理由了。原来，由于他前任销售人员工作上的失误，使这个店主积压了大批的存货，大量的资金无法周转，店主的经营也因此受到了牵制。虽然这件事和他并没有关系，但他认为作为公司的一分子，他有义务解决他前任销售人员所遗留下来的问题，更有责任通过自己的努力来挽回公司在信誉方面的损失。

于是，他疏通了各种渠道，重新做了安排和部署，并利用自己的人际关系请一位较大的客户以成本价买下了店主的存货，使店主积压的资金得以回笼。结果是不言而喻的，他受到了店主的热烈欢迎。这个销售人员用自己的责任心帮助公司重新赢得客户的信任，同时也为自己的推销工作在坚冰中寻找到了新的途径。

对那些在工作中推三阻四，老是寻找借口为自己开脱的人；对那些缺乏工作激情，总是推卸责任，不知道自我批评的人；对那些不能按期完成工作任务的人；对那些总是挑肥拣瘦，对公司、对工作不满意的人，最好的“救治良药”就是大声而坚定地告诉他：“责任所在，义不容辞！”

由于近几天的工作都很顺利，原一平开始沾沾自喜，甚至于有点飘飘然了。眼看与客户的约定时间已到，便向一家烟酒店走去。

他进去之前，把原先戴得规规矩矩的帽子往脑袋后一扬，显得很轻松的样子，喊着“晚安”，拉开玻璃门走了进去。那家烟酒店的老板看到原一平的样子，就脸红脖子粗地吼了起来：“喂！你到底是什么态度！歪戴着帽子跟客户打招呼，这算是哪门子礼貌？”

接着一连串怒斥之声相继而来：“我相信你，也相信你们明治保险公司，所以今天才投了保险。想不到我所信赖的这家公司的职员，竟然如此无礼！”

听了这话，原一平大吃一惊，随即“扑通”一声，跪在了地上。

“实在对不起，先生。我只是认为你已经在我们公司投保，已经是我们明治保险公司自己人了，所以太随便了些，请您多多原谅。”老板愣愣地望着原一平。

原一平继续跪着说：“我刚才的态度实在太不应该，不过我要请您原谅的是，我是带着向自己亲人问候的心情才那样做的，而绝对不是对您有轻薄之意。千不该万不该都是我不好。请您息怒。跟我握手好吗？”

原一平说着将双手伸了出去。对方先是一愣，然后忽然转怒为喜说：“哦，不要老跪在地上了，好不好？其实我突然大声叫起来也不对，先站起来再说。”

于是他握着原一平伸出的手，把他拉了起来。

原一平走进店后，主客谈得相当投机。原一平因祸得福，就是由于他能勇于向客户认错。最后客户把原来2000美元的投保额提高到了5000美元。

有些推销员认为在客户面前承认错误会造成不良的后果，还会影响公司信誉，所以就想方设法推卸责任，把责任都推到客户身上。殊不知，如果你那样做，那么推掉的不仅是责任，还有客户。

因为每个人都想表现出自己高尚的人格，当你认错时，刚好满足了对方的这种心理需求。所以，在通常情况下，勇于主动地认错，客户不但不会责怪你，而且还会由于你的坦诚、负责而对你产生良好的印象。

大师手记

不要等待机会，而要创造机会。

——原一平

与客户多谈感情

有一句老话说的好，叫做谈钱伤感情。销售过程中，销售人员和客户的关系并不仅仅是金钱关系。而应该是一种情感营销，把谈钱伤感情变成谈感情不伤钱。

成交不是简单的买卖，而是双方的互相信任和共同意愿的体现。销售是一种情感营销，现在的客户在选择产品的时候，关注的点已经不是产品的质量和产品的数量以及价格的高低，他们更多的追求是一种心理上的满足，能够满足他们的情感需求。所以说我们在做销售的时候，可以从客户的内心情感上切入，引起客户内心的共鸣，这样更加容易成功。

在销售过程中，当销售人员在向客户介绍和推荐产品的时候，有的客户会表示出一定的兴趣，有的客户则会毫不留情地断然拒绝。也有一些客户会表现得比较含蓄，会为自己的拒绝找出一系列的借口，而这样的客户其实内心也有购买的欲望，只要销售人员加以适当的激发和感染，就会将其争取过来。

在销售时，客户们有时会找出很多借口来拒绝购买，虽说有的客户也许拒绝得比较委婉，但是内心的想法却是很坚决的。因此在销售过程中，销售人员一定要看准对象，在说服客户时要适时适度，不要死缠烂打，用自己的真心去吸引和感动客户，有时候反而会更加有效地堵住客户的借口。正所谓盛情难却，当销售人员用热情和真心去感染客户的时候，客户就会被打动。

而面对那些想要购买，却借口很多的客户，销售人员也要善于用自己的真心去堵住客户的借口。客户之所以会找出各种各样的借口进行推辞，很大程度上是对产品的质量、性能或者价格等方面有不满意的地方，而自己又不好意思说，因此才会不断地找借口，希望销售人员做出让步。如果销售人员不懂得客户的心理，只是一再地要求客户购买，那么客户也只能不断地寻找新的借口加以回绝。而如果这时销售人员能主动地询问客户是不是因为价格太高或者款式不合适而犹豫，并站在客户的角度给其一些合理的建议，及时弥补，只要态度真诚，客户还是会乐意接受的。

一位女士到商店去买皮靴，销售人员小丽给她介绍了好几个款式，结果那位女士不是觉得款式不新，就是嫌质量不好，要么就是觉得颜色不合适。小丽忙活了半天，也没有为客户找到一双合适的靴子。但是小丽却没有抱怨，而是很真诚地向女士道歉说："真是不好意思，浪费了您这么多的时间，也没有为您找到一双合适的皮靴，真是很抱歉。"

听到这样的话，那位女士反而觉得过意不去，对小丽说："没关系，我再转转，或许可以找到一双合适的。"其实这位女士是看好了一双靴子的，只是觉得价格太贵，不好意思说，才一直犹豫。于是女士又一次转到那双靴子的面前，拿起来端详。

小丽见状，赶紧过去对她说："这款皮靴是今年上市的新货，属于休闲类的，它的鞋跟比较低，即使走路多也不会觉得累，而且还可以防滑，很适合现在这个季节穿。穿起来也很时尚，喜欢的话您可以试一下。"

女士又开始犹豫了，她说："不用了，我先看一下，不过相对来说，这双靴子我还是比较喜欢的。"

小丽说："没关系，您试一下吧，不合适可以再找别的，而且这款靴子只剩下几双了，我们可以以八折的优惠价卖给您。"

这时那位女士终于决定试一试，结果试过以后感觉很好，只是还是觉得价格有点贵，所以就一直在挑靴子的毛病，最后她发现一只鞋子的内侧皮子接口处有瑕疵，而小丽则解释说这是一种制作工艺，不属于质量问题，于是二人僵持不下。这样下去，可能这笔生意就做不成了。

于是小丽就对女士说：“小姐，我知道您也是真心喜欢这双靴子，虽然您认为这一块有瑕疵，但这并不属于质量问题，我们的靴子质量是绝对可以保证的，在价格上这已经是最低了。买到一双自己喜欢的靴子不容易，您看这样吧，这个号码的靴子只剩这一双了，现在原价410元，打过折以后是328元，我现在去找经理说一下，看能不能把零头去掉，以300元的价格卖给您，您看怎么样？”

女士点点头。小丽说：“那您稍等片刻，我去找经理说说，但是我不能保证一定可以说服经理降价，我只能尽力而为。”不一会儿，小丽高兴地回来了，她向女士做了一个“OK”的手势，说：“成功了，恭喜您，终于买到了喜欢的靴子。”

这时，那位女士已经被小丽的真诚所感动，对小丽连连道谢，并说下次还来小丽这里购物。

小丽用自己的真诚感动了购物的女士，虽然颇费周折，但最终实现了交易。可以想象，如果小丽没有足够的耐心和真诚，对客户的挑剔和借口不理不睬，那么这笔交易肯定是做不成的。作为销售人员，面对客户的借口，一定要洞悉其内心的真正想法，用合适的方式促成销售的实现。

大师手记

朋友不一定是合作伙伴，但你一定要把合作伙伴变成朋友。

——李嘉诚

对一切事务负责

责任是一种坚定的信念，任何人都希望自己的人生价值能够实现，要把这种意愿变成现实，就要尽职尽责地对待工作和生活中的每一件事。对于职场中的人来说，“责任”并不只是一个道德概念，还是一种必须强制性承担和完成的任务。

不管一个人学历有多高，销售技能有多好，如果没有责任心，很多事会干他都不想干，整天就想到吃喝玩乐，躺在宾馆睡大觉，或者为节约费用，不去走访市场，不去了解自己产品动销现状和市场竞争情况，很多事情仅流于形式，一切营销策划和活动方案都仅留在纸上、报告中。这样的销售人员便会上蒙下骗，所负责的市场也很难取得成功。

没有责任感的销售人员不是一个优秀的销售人员。就算你是一个最普通的销售人员，也要勇于承担责任，只要你担当起了责任，你就具备了成为一个优秀销售人员的基本条件。

曾经有一位旧金山的商人给一位萨克拉门托的商人发电报，报出货物价格：“一万吨大麦，每吨400美元。价格高不高？买不买？”

萨克拉门托商人觉得价格太高，不想要货物，可是他在回复电报里却漏了一个逗号，把本应写为“不，太高”写成了“不太高”，结果变成要买这批大麦，使自己损失了好几千美元。

这只是一场简单的交易，却能看出这位萨克拉门托商人并不负责。同样，对于公司员工来说，只要在工作中有那么一丁点不负责，马虎大意，就有可能要在竞争越来越激烈的现代社会中酿成大错，导致整个企业蒙受损失。

一个缺乏责任感的人，首先失去的就是社会对自己的基本认可，其次失去的是别人对自己的信任与尊重，这样的人当然就难以得到重用。而那些能承担责任的人，可能会被赋予更多的使命，有资格获得更大的荣誉。

在很多人看来，自己只是企业里一名普通员工，没有什么责任可言，只有那些管理层才要承担工作上的责任，他们没有意识到，其实，工作本身就是意味着职责和义务。

每一个普通员工都有义务、有责任履行自己的职责和义务，这种履行必须源自发自内心的责任感，而不是为了获得什么奖赏。工作不单单是赖以生存的手段，除了得到金钱和地位之外，还要考虑到自己应尽的责任。

超市里的一名员工对前来购物的客户非常冷淡，不仅不主动为客户提供帮助和服务，有时还会冲着前来问询的客户发脾气，这令客户很不满，但是他自己却不以为然。一位经理在超市巡视时，刚好发现了他的所作所为。

经理非常气愤地训斥了他："你的责任就是为客户服务，令客户满意，并让客户下次还到我们这里来，但你的所作所为恰恰是在赶走我们的客户……。"

这位超市员工由于不负责任使自己失去工作，可以说是自作自受。自己的责任就应该主动承担，不能有任何忽视或者推卸。

记住美国前总统杜鲁门的一句座右铭："责任到此，不能再推。"在工作中难免要发生各种错误，问题发生后，不应当推卸自己的责任，或者为自己寻找借口，即使再振振有辞，也是一件愚蠢的事，也不能掩饰一个人责任感的匮乏，因为本来老板还可能打算对你进行培养和提拔，但是你害怕承担责任、推卸责任的心态将使他很难重用你。

经常在工作中推三阻四、老是抱怨，寻找种种借口为自己开脱的人；不能最大限度地满足客户的要求，不想尽力超出客户预期提供服务的人；那些没有激情，总是推卸责任，不知道自我批评的人；那些不能优秀地完成上级交付的任务，不能按期完成自己的本职工作的人；那些总是挑三拣四，对自己的公司、老板、工作不满意的人，应该大声而坚定地对自己说："这是你的工作！"

对自己的行为负责，对公司和老板负责，对客户负责，这才是老板最喜欢的员工，也只有这样的员工才能赢得更好的发展机会。

大师手记

销售不只是买卖，更是信任和责任的传递。

——乔·吉拉德

有趣的灵魂万里挑一

让客户甘心成交的销售人员，都有一个共通的特点，就是能让客户感到心情愉悦。我们发现那些销售业绩高的，都是一些性格开朗、外向、热情，能主动和人说笑到一起的。如果说人格魅力是一个长期潜移默化的过程，那么以下方法，可以帮助你在短期内先成为拥有有趣灵魂的成交大师。

乔·吉拉德曾被吉尼斯世界纪录誉为“世界上最伟大的销售人员”。其独创的巧妙的推销方法，被世人广为传颂。

乔·吉拉德把所有新近认识的人都视为自己潜在的客户，对这些潜在的客户，他每年大约要寄上12张贺卡，每次均以不同的色彩和形式投递，并且在信封上尽量避免使用与他的行业相关的名称。

一月份，他以一幅精美的喜庆气氛图案作为贺卡封面，同时配以“恭贺新禧”几个大字，下面是一个简单的署名：“雪佛莱轿车，乔·吉拉德上。”此外，再无多余的话，也绝口不提买卖的事。

二月份，贺卡上写的是：“请您享受快乐的情人节！”下面仍是简短的署名。

三月份，贺卡写的是：“祝你巴特利库节快乐！”巴特利库节是爱尔兰人的节日。也许你是波兰人或是捷克人，但这都无关紧要，关键是他不忘向你表示节日的祝福。

然后是四月、五月、六月……

不要小看这几张小小的贺卡，它们所起的作用并不小。不少客户一到节日，往往会问夫人："过节有没有人来信？"

"乔·吉拉德又寄来一张卡片！"

这样一来，乔·吉拉德的名字每年就有12次机会在愉悦的气氛中来到每个家庭。

乔·吉拉德从没说一句："请你们买我的汽车吧！"但这种不讲推销的推销，反而给人们留下了最深刻、最美好的印象。等到他们打算买汽车的时候，往往第一个想到的就是乔·吉拉德。

乔·吉拉德的与众不同，让客户在买汽车时第一个想到的就是他，这是推销的最高境界了。

有一位销售人员，总是随身带着闹钟。

当谈话一开始，他便说："我打扰您5分钟。"然后将闹钟拨到5分钟的时间。

时间一到，闹钟便发出声响。这时，他便起身告辞："对不起，5分钟时间到了，我应该告辞了。"

如果双方洽谈顺利，对方会建议继续谈下去。

那么，他便会说："那好，我再打扰您5分钟。"于是，又拨了5分钟。

大部分客户第一次听到闹钟的声音，很是惊讶。

他便耐心地解释："对不起，是闹钟声，说好打扰您5分钟，现在时间到了。"

客户对此的反应是因人而异，但绝大部分会说："嗯，你真守信。"

不管采取什么方式，最重要的一点是要让客户觉得：与别的销售人员相比，你很守信，你言行一致，你与众不同。

刘轩是灶具和油烟机店的一名销售人员，他接待客户从不懈怠，看到有客户进店，立马热情的迎上前去，向客户介绍产品。从产品外观到每个功能操作，都尽自己最大的努力去向客户做了推销。他每天都在为如何更好地售卖产品而绞尽脑汁，刘轩每天下班都累得不想说话，可是客户似乎并没有被刘轩的精诚所至而打动。

刘轩整日愁容满面，他的朋友赵全看出了他的心事，便开解道：“谁让你傻子似的唱独角戏，你一个人把舞台占了，自顾自地说个没完没了，你得想办法让你的销售过程变得有意思起来。”

刘轩听了一头的雾水，满脑子都是问题。赵全看着刘轩一脸懵的样子，继续说道：“人家买油烟机是为了每天看着它吗？”

刘轩连忙回答道：“当然不是了，买油烟机肯定是做饭时抽油烟用呀，每台抽油烟机的功能指数我都讲解得非常清楚。”

赵全一脸讪笑道：“你看，这样销售就无趣了。你得把整个场景给设置好了。要让客人感到有兴趣，或者勾起客户的欲望。你把这个过程说得那么无趣，谁都不想去参加一场自己不感兴趣的活动。”

看着刘轩一脸不解的样子，赵全继续提点道：“而且这样，你也可以在中间有喘息休息的空档，不然像你那样，要是客流量大，没几个月身体就撑不住了。”刘轩听完后，才明白问题的症结出在哪里。

有趣的人，有种化腐朽为神奇的力量，不管什么样的处境，都能把生活过得欢乐热闹。他们总能把平凡的销售过程，变得有趣生动，从而快速打动客户。

“那个人真有趣！”

“哇，好有趣呀！”

“有趣的灵魂万里挑一。”

“那个人太无趣了，我想找个有趣的人做伴侣。”

“我们希望招聘有趣的人。”

……

每个人都喜欢有趣的人，厌烦古板的人。销售人员要努力成为令别人喜欢的人，就要设法成为一个有趣的人。

成为一个有趣的人，要求我们“放下自我、切换身份、放大缺点、唤醒童真”。其实这些都是关于自我，只不过是角度不同。放下自我是让自己不受外界目光的影响，专注我们应该做的事情；切换身份是让自己在不同的场景下，可以自如地展现出不同的角色，呈现出不同的状态；放大缺点是接纳我们身上的每一个部分，让不完美成为我们有趣的伙伴；唤醒童真是找回生命中那种从未消失但又美好的孩童状态。

有趣的灵魂可以提高一名销售人员的竞争力，“有趣”不但可以让你绽放有独特辨识度的、更有魅力的自己，还会带给你一种深层的能量，以及轻松、积极的状态。销售中，我们要做的就是与众不同。真正让自己的产品或服务达到与众不同，你离成功也就很近了。

大师手记

推销的要点不是推销商品，而是推销你自己。

——乔·吉拉德

永远不缺可以成交的客户

——迅速锁定客户群

客户资源对于销售的重要性，毋庸置疑，没有客户资源何谈成交。有的销售人员苦于无法获客，有的销售人员客户名单一大堆却无法成交，而真正的成交高手永远不缺可以成交的客户。

巧妙约见，建立沟通

作为销售人员，拜访客户是必须要面对的事情。可能都有过类似这样的体验，那就是很多客户都难得一见，特别是想要到客户的家里或者办公室去谈生意，当销售人员提出这样的要求时，得到的往往只是对方的拒绝。

只要有机会和客户见面，就有机会向客户销售产品。预约不仅是一种销售必需的程序，其中还暗含着很多的心理技巧，只有仔细琢磨客户的心理，顺势而动，才能够抓住客户的心，使客户向你敞开心扉，接受你的产品。

其实，预约不仅是一种温馨的提示，更是一种细致的关怀，会深深地触动客户的心灵。销售人员不能为销售而销售，而是应该注重对客户的服务，只要你给客户带去了便利和好处，客户自然会购买你的产品。要记住，预约是打开客户心门的一把金钥匙，销售人员一定要应用好。

约见是推销人员与客户进行交往和联系的过程，也是信息沟通的过程。常用的约见方法有以下几种：

1.初次电话约见

需要简短地告知对方介绍者的姓名、自己所属的公司与本人姓名、打电话的事由，然后请求与他面谈。务必在短时间内给对方以良好的印象，因此，不妨向对方传递这样的信息：“我已经做了一些调查，发现我们的解决方案可能能够帮助您解决一些挑战或者实现某些目标。”，“贵公司陈小姐使用之后认为很满意，希望我们能够推荐给公司的同事们”，等等。接着再说：“您有几分钟时间听我简要介绍一下吗？如果您感兴趣，我们可以进一步安排一个更深入的会议，以便更详细地讨论。”把这些约见时间写在预定表上，将明天的预定约见填满之后，便可开始访问活动了。

玛丽是一家软件公司销售代表，致力于提供客户关系管理（CRM）软件解决方案。她与一家企业的CEO通过电子邮件交流，并获得了对方对其公司软件解决方案的初步兴趣。现在，她准备通过电话与CEO进行初次约见。

玛丽：嗨，您好，我是玛丽，我是[软件公司]的销售代表。我很高兴与您通话。您是否有几分钟的时间讨论一下我们的CRM解决方案？

CEO：嗨，您好，玛丽，我记得我们之前通过电子邮件沟通过。是的，我很乐意了解更多关于你们的解决方案。

玛丽：太好了，感谢您的时间。在我们之前的交流中，我了解到您的公司正在寻找一个能够提高客户关系管理效率的解决方案。我想更深入地了解您的业务需求，以便我们能够提供最适合的解决方案。

CEO：是的，确实如此。我们希望能够更好地跟进客户，提高销售效率，并实现更好的客户满意度。

玛丽：明白了。我们的CRM解决方案可以帮助您实现这些目标。我们有定制化的功能，可以根据您的业务需求进行调整。我可以进一步介绍我们的产品功能，以及我们是如何与其他类似企业合作并取得成功的。

CEO：听起来很不错。你觉得我们能够安排一个详细的产品演示吗？

玛丽：当然，我很乐意为您安排一个演示。您觉得哪个时间点最方便？

CEO：我们下周四的上午有空，你能够吗？

玛丽：可以的。我会给您发送一封确认邮件，其中包含演示的详细信息。

CEO：好的，谢谢你，玛丽。我期待着演示。

2.信函约见法

信函是比电话更为有效的媒体。虽然伴随时代的进步而出现了许多新的传递媒体，但多数人始终认为信函比电话显得尊重他人一些。因此，使用信函来约会访问，所受的拒绝比电话要少。另外，运用信函约会还可将广告、产品目录、广告小册子等一起邮寄给客户，以增加对客户的关心。也有些行业甚至仅使用广告信件来做生意，这种方法有效与否在于使用方法是否得当。

信函约见法的目的，是为了创造与新的客户面谈的机会，也是寻找目标客户的一个有效途径，书信往来是现代沟通学的内容之一。对于寿险推销人员来说，如果你以优美、婉转、合理的措辞，给他阐明寿险的理念，让他知道有你这么一个人挂念着他就足够了；然后，你可以登门拜访，带着先入为主的身份与他再次面谈。

巴罗最成功的“客户扩增法”的有效途径是直接通信。他曾经讲述了自己的一段经历：

“一段时期，我苦恼极了，我的客户资源几乎用光了，我无事可做。

“我百无聊赖地翻看着报刊、杂志，看到许多人因种种缘故登在报纸杂志上的地址，我突然灵机一动，何不按地址给他们写信，在信上陈述要比当面陈述容易得多。我马上行动起来，用打字机打印了一封措辞优美的信，然后复印成许多份，写上不同人的名字，依次寄出；寄走后，我的心忐忑不安，不知客户们看了有何感想。几个星期后，令我兴奋的是，有几个客户给我写了回信，表示愿意加保。这件事对我鼓舞很大，于是，我决定趁热打铁，对于没有回信的直接拜访。不曾想，效果特别好，会谈时，他们不再询问我有关寿险的知识，因为信上已写过，而询问的是参加寿险有什么好处，有何保障等实际操作之类的问题。

“在我寄出的第一批目标客户名单中，后来成交率在30%左右，这远比我用其他方法所获得的成功率高得多。”

3.顺带拜访法

作为销售人员见不到客户就没办法与客户进一步地沟通交流，所以面对这种情况时，可以采用这种方法，路过顺带拜访法：比如你到了刘氏客户公司楼下，您可以直接打电话给刘总“刘总，您好，今天正好去见另一个客户，路过贵司，所以未经咱们事先约定，就直接顺道过来拜访您，咱们电话沟通已有一段时间，很期待能见到您真人……”一般而言，你都已经到了他们公司，通常对方都会抽时间面见你，如此就进入了销售面谈环节，只要你足够用心，一定可以抓住客户的兴趣，以及对方的需求。

如果是老客户，则可以这样说：“刘总，我刚在此地参加完某项业务交流会，正准备回公司，突然想起，很久未见到您，所以就顺道过来看看您。”说完这些做一下停顿，此时客户一般都会笑着回复您“谢谢”，此时你可以再继续下一句：“对了，刘总，根据咱们的工作进展，预估何时能启动这个项目采购。”等等自己想获取的信息，这些，在拜访客户前一定要列好提问的内容以及客户即将要回答的相关内容，做一个预估。

综上三种约见方法，各有长短，应就具体情况选择采用。比如对有介绍人的就采用电话方式，没有什么关系的就用信件等。

大师手记

顶级的销售人员从进门的那一瞬间，就能分辨出来。

——汤姆·霍普斯金

轻松搞定电话里的客户

随着销售工具的不断发展，电话销售已经成为销售工作中的一种重要形式。通常情况下，电话销售不同于面对面的销售，如果销售人员不能在短时间内有效地吸引住客户，客户就有可能会挂掉电话，这就意味着电话销售无法继续进行。

对于从事电话销售的销售人员来说，接通电话的前30秒非常重要。在这30秒内，销售人员要能够清楚地让客户知道三件事：我是谁，我代表哪家公司？我打电话给客户的目的是什么？我公司的产品对客户有什么用途？为此，电话销售人员在前30秒里一定要组织好自己的语言及表达方式。

作为美国最伟大销售人员之一，乔·吉拉德在推销中是奇招迭出，就连打电话也有其独到之处。

面对电话簿，乔·吉拉德会先翻阅几分钟，进行初步选择，找出一些看来可能性较大的地址和姓名，然后再拿起电话。

“您好！科里太太，我是乔·吉拉德，这里是雪佛莱麦若里公司，我只是想让您知道您订购的汽车已经准备好了。谢谢！”

这位科里太太觉得似乎有点不对劲，愣了一会儿才说：“你可能打错了，我们没有订新车。”

吉拉德问道：“您确定是这样吗？”

“当然，这样的事情，我先生应该会告诉我。”

吉拉德又问道："请您等一等，是凯利·科里先生的家吗？"

"不对，我先生的名字是史蒂。"

其实，吉拉德早就知道她先生的姓名，因为电话簿上写得一清二楚。

"史蒂太太，很抱歉，一大早就打扰您，我相信您一定很忙。"

对方没有挂断电话，于是吉拉德跟她在电话中聊了起来："史蒂太太，你们不会正好打算买部新车吧？"

"还没有，不过你应该问我先生才对。"

"噢，您先生他什么时候在家呢？"

"他通常7点钟回来。"

"好，史蒂太太，我晚上再打来，该不会打扰你们吃晚饭吧？"

7点10分时，吉拉德再次拨通了电话："您好，史蒂先生，我是乔·吉拉德，这里是雪佛莱麦若里公司。今天早晨我和您太太谈过，她要我在这个时候再打电话给您，我不知道您是不是想买一部新雪佛莱牌汽车？"

"没有啊，现在还不买。"

"那您想大概什么时候可能会准备买新车呢？"

对方想了一会儿，说道："我看大概半年以后需要换新车。"

"好的，史蒂先生，到时我再和您联络。噢，对了，顺便问一下，您现在开的是哪一种车？"

……

他把这一切有用的资料都存入档案卡片里，并且把对方的名字列入推销的邮寄名单中，同时还写在推销日记本上。就这样，通过两三分钟的电话聊天，吉拉德得到了宝贵的推销信息。

电话行销过程中，把打招呼、核实对方、自我介绍，作为电话推销第一切入点；把"电话缘由"称作第二切入点；把"初步探听主管及负责人"称作第三切入点。

绕过电话行销的障碍以后，掌握一些成功法则并在实践中去运用它们，你也能取得很大成功。

1.大数法则

一棵草算不上美丽，但一大片草原出现在你面前的时候，就变得非常壮观。同样的道理应用在业务上，即表示当你打电话的数量达到一定程度的时候，结果也一定会是非常丰盛的。这也就是行销实务上说的“大数法则”。

销售人员一定要相信，销售任何东西一定会有相当比例的人会向你购买，也一定会有相当比例的人不会向你购买。因此你的工作就是“把那些会向你买的人找出来”，仅仅如此而已。至于你能找出多少会向你购买的人，则完全要看你打电话的次数而定。

举例来说，如果你每接触100个人当中，平均会与10个人成交。那么，如果你只找到100个人，你的成绩当然也只有10件而已。但是，如果你很努力地找到500个人，则你将会获得50件。从这个道理我们可以发现，电话行销工作真的不难，因为你想要获得50件，只要肯花时间找到500个人就可以获得了，不是吗？这就是“大数法则”！

2.机会成本

经济学里有所谓的“机会成本”理论。简单说，假如你一天平均可以用电话跟30个人销售保险，但某一天你却在一位目标客户身上花了半天的时间，因此当天只能跟15位目标客户进行销售，那么你就是在那位目标客户身上付出了15个行销的机会成本。

由此可知，你必须培养精准的判断能力，明确掌握哪些目标客户才是你该投注时间的对象，否则你很有可能在不知不觉当中，浪费许多的机会成本。这种损失也有可能是倍数的损失，因为当你唯一投注的目标客户最后仍然没有成交的话，不就是两头空吗?

另外，重要的一点是，比起面对面行销，“机会成本”对于电话行销的影响程度会更为显著。原因是电话行销属于“广种薄收”的行销观念，在短短的时间里要比面对面行销的精耕细作方式所要付出的“机会成本”大上许多。

3.速度价值

在投资学里有所谓的“时间价值”，指的是任何投资工具都可以通过时间因素，创造出投资效益。在这里，我们要提出另外一个价值说——“速度价值”。

所谓“速度价值”，指的是：“在同样的时间及成交率之下，你若能因速度快而创造了比别人多的活动量，那么你的成绩必然要比别人好。”因此，你可以知道，以后你在每天或每一次拨打电话的时候，都应该注意时间管理，也应该避免养成做事磨蹭或是凡事慢半拍的习惯。

大师手记

只要有勇气在众人面前说话，就有勇气私下与陌生人进行谈话，不论对方是何许的达官显贵。

——汤姆·霍普金斯

收集客户有效信息

和客户接洽后，在交谈的过程中我们收集客户的资料，为的是寻找客户的购买点，也就意味着我们搜集的一些信息必须对保单的促成起到一个十分关键的作用。从保单促成情况来看，收集资料这个环节就显得尤其重要。

收集客户信息不难，“有效”收集客户信息不简单！客户资料的重点在哪里？我们重点搜集哪些客户资料？对于普通销售人员来讲，很难把握。

我们下面来讲一个著名销售人员原一平曾经遇到的事情。

经过业务顾问的介绍，原一平带着介绍函去拜访某公司的总经理。第一次拜访这位总经理时，来开门的是一位老者。原一平礼貌地向对方说明来意，对方也十分礼貌地回答：“不好意思，总经理不在家，请您改天再来吧！”

“那总经理一般什么时候在家呢？”原一平问道。

“不一定。”老者回答。

原一平为了下一次能见到可能成为自己客户的总经理，又问了老人一些问题。但是，从老人口中得到的答案都没有用。原一平只得作罢，决定下一次换个时间来拜访。第二次，原一平来到总经理的家门口，来开门接待的还是那位老者，他依然告诉眼前的销售人员：“不好意思，总经理不在，请您改天再来吧！”原一平不甘心，他十分想见一见这个总不在家的总经理。于是，在接下来的将近4年的时间里，原一平共拜访这位总经理70次。然而，每一次都是这位老者接待原一平，每一次也都告诉他相同的答案。

一个偶然的机会，原一平与在这位总经理对面的房间办公的一位先生谈生意，闲聊的时候，原一平问道："请教一下，住在您对面房子里的总经理究竟长什么样？是个什么样的人？我到他家来拜访过70次了，可从来没有见过他。"

对方听过之后，笑着回答："那位在水沟旁干活的老者就是总经理。"

听了这句话，又看到正在水沟边干活的老者正是每次接待自己的人，原一平感觉到自己实在是太粗心了。于是，原一平取消了这一天接下来的工作，第71次来到老者的身旁，并成功地将保险推销给了他。

原一平是世界著名的销售人员，也是很多销售人员的榜样，他的成功经验被拿来学习、分享，而他差点失败的教训也十分有分析的价值。在还没有对客户有任何了解之前就贸然去拜访，如果遇到上面例子中的总经理，他知道来者是销售人员，故意不告诉对方自己的真实身份。那么，连客户长相还不知道的销售人员只能下次再来了。原一平很有毅力，连续3年多，拜访70次也没有放弃，偶然间才得到了客户相貌、年龄等资料。若是一个容易放弃的销售人员遇到上面的情况，估计他只能错过这个总经理，在自己的推销过程中留下一个谜团、一个遗憾。

对于销售人员来说，搜集客户的资料，不仅仅是客户本人的情况，还有他在社会和生活中所"扮演"角色的资料，他周围对他做出决定影响比较大的人的情况也是需要事先进行了解的。销售人员可以从以下两个方面着手收集客户的有效信息：

1.搜集客户事实性资料（封闭式问题）

在接洽面谈过程中还需要收集一些客户事实性的资料，这些资料我们可以通过一些封闭式的问题来获得客户比较精确的信息。当然我们不能简单、粗暴地询问，这样容易引起客户反感。

我们可以这样问：你工作多长时间了？你本地人吗？你孩子今年多大了？你平常有什么爱好？你的父母和你一起生活吗？这类问题可以让我们快速的收集一些事实性的资料，这些资料在设计计划书时能为我们提供帮助。

有一些客户比较感性，这些信息往往是在聊天的过程中收集。在聊天的过程中重点向客户寻求答案，才能在保险这个特殊的思想观念上得到客户真实的想法。

2.获得客户感性资料（开放式问题）

我们还需要获得客户的感性资料，所谓的感性资料是通过一些开放式的问题，就是我们常说的聊天，通过聊天寒暄中而获得的客户信息。

搜集客户资料的方式有很多种。如果公司条件允许，能经常参加展会，那么，这是一个了解到大量客户的好机会；还可以利用报纸和网络来搜集客户的资料，尤其是一些对这些人和公司的特别报道更要仔细阅读；有时，在与同事或者朋友闲聊的时候，做一个有心人也能搜集到目标客户的各种资料，就可以投其所好，成功地将产品推销出去。

销售人员所掌握的有关客户的资料越详细、越准确，那在其中找到客户的需求点也就越多。

大师手记

如果没有做好准备，那就准备失败。

——乔·甘道夫

看准目标客户身上的“标签”

成功销售是建立在有效客户基础之上的，没有目标客户何谈成交。目标客户指企业提供产品和服务的对象。随着经济的发展和市场的日益成熟，市场的划分越来越细，以至于每项服务都要面对不同的需求。企业应当根据每一项产品和服务选择不同的目标客户。只有确定了消费群体中的某类目标客户，才能具有针对性地开展销售营销并获得成效。

怎样才能更好地发挥自己的口才技巧去开发更多的客户呢？首先要了解客户的购买心理类型。

对销售人员来说，只有拥有足够多的目标客户，才有可能实现比较理想的业绩目标。许多人之所以没有成为成功的销售人员，原因是没有注意到目标客户的重要性！更不懂得如何去开发新的客户。

销售是一项富有开拓性的工作，它要求销售人员要大胆地去迎接一切挑战，将遇到的每一个人都当作自己的目标客户。如果认为这些人都不能成为自己的客户，那么销售工作迟早会步入绝境。

很久以前，有一个非常勤劳的农夫，他的勤劳感动了上帝。于是上帝托梦告诉他，说海边有一块比其他石头都要热的石头，它可以点石成金。于是这位农夫就来到了海边，在成千上万的石头中开始寻找那块神奇的石头。他捡起一块石头，摸一摸它的温度，但总觉得没有其他的石头热，于是就把这块石头扔进大海。接着，他又捡起一块，觉得还不是，就又把它扔进大海。

就这样，第三块，第四块……

一天又一天，他早出晚归，将一块块石头扔进大海。他坚信自己一定能找到那块更热的石头。

一年又一年过去了，他的决心仍然没有动摇。但他扔石头的动作却成了一种习惯。终于有一天，最后一块石头被投入了大海。他仍然没有找到那块更热的石头。

这个故事告诉了销售人员这样一个道理：我们在寻找客户的时候，不能像那个农夫那样一心想“找到更热的石头”，我们应该认真地对待我们捡起来的每一块“石头”，不论在哪里，面对的是什么人，都要有“客户就在这些人当中”的不放弃精神，只有这样，我们才能找到能点石成金的“石头”。其实，目标客户就在茫茫人海中。

那么，到底什么样的人才算得上目标客户呢？作为目标客户，至少具备以下三个条件。

1.有购买力

这是最为重要的一点。在考察每个客户时一定要分析如下问题：他有支付能力吗？他买得起这些东西吗？比如，向一个月收入只有2000元的普通工薪族推销一部奔驰车，尽管他很想买，但现实吗？

2.有购买决策权

在实际运作中，销售不成功的一个很大影响因素就是，销售人员辛辛苦苦找到的人却没有最终的购买决定权。

3.有现实需求

除了购买能力和决定权之外，还要看目标客户是否有需求。比如一个人刚买了一台洗衣机，你再向他销售洗衣机，尽管他具备购买能力和决策权，但他没有需求，自然也就不是你要找的目标客户。

只有具备以上三个条件的人才是我们要找的目标客户。但在实际操作中，会碰到相对复杂的一些状况。这到时该如何采取相应对策呢？

我们以M表示购买力强，m表示购买力弱，用A表示具有购买决策权，a表示不具备购买决策权，用N表示有强烈的现实需求，n表示现实需求较弱。其中：

M+A+N：是理想的销售对象。

M+A+n：运用熟练的销售技术，有成功的希望。

M+a+N：可以接触，但应设法找到具有A之人。

m+A+N：可以接触，需调查其信用条件、业务状况等。

m+A+n：可以接触，应长期观察、培养，使之具备另一条件。

m+a+N：可以接触，应长期观察、培养，使之具备另一条件。

M+a+n：可以接触，应长期观察、培养，使之具备另一条件。

m+a+n：不是客户，应停止接触。

由此可见，有时候，潜在的目标客户在并不具备所有必备条件的情况下，仍然可以进行开发，只要策略运用得当，就有很大的成功可能性。要成为出色的销售人员，你就得培养一个牢固的目标客户群体。要想保持这一基础的牢固，你就得不断地和有效地去寻找、去开拓目标客户。

大师手记

只要我们以真诚关怀的心态服务顾客，熟悉产品的特点、功能，以顾客为中心，抓住顾客的需求，再配合正确的推荐方法和技巧，就一定能打动顾客成功签单。

——徐鹤宁

寻找目标客户不必大海捞针

许多销售人员习惯于“大海捞针法”寻找目标客户，如果你的询盘回复率达不到10%，成交率达不到1%，即使再辛苦，这种做法只会让你徒劳无功。

销售人员在寻找目标客户时不能太盲目，可以向成交大师学习并掌握一些基本方法。这种方法其实很简单，最重要的就是用心和坚持。市场是最大的课堂，客户是最好的老师。所以，销售人员要懂得在实践中去学习、去总结，注意多听、多看、多思考。

寻找目标客户的方法有以下三种。

1.企业内部搜索法

在大多情况下，搜索目标客户，首先应该从本企业内部获得有关客户的信息资料，这样既准确快捷，又省时省力，可以说是一条切实可行的捷径。

2.人际连锁效应法

（1）介绍法——通过现有客户来挖掘潜在客户。现有客户的配合协助常常就可以找到许多目标客户。因此，销售人员千万不要忽视老客户的作用，要学会培养一批忠诚的老客户，并运用这些客户的力量获得更多的目标客户名单。因为，每个人背后都有很多朋友。

（2）交换法——与其他公司的销售人员交换客户名单。

3.市场调查走访法

从市场调查中寻找目标客户，是指在更大的区域和更广的视野内实现销售战略的一种方法。打个比方说，如果从企业内部和从已有客户及亲友中寻找客户是“用鱼竿钓鱼”，那么，从市场调查中搜索目标客户则是“用网打鱼”，这种方法覆盖面广，往往容易取得较好的销售绩效，找到更多的潜在客户。

假如通过上述两种方法都不能如愿，那么销售人员就需要进一步扩大搜寻区域，这就需要通过市场调查走访来开拓潜在客户。

市场调查走访法要求我们一定要做到以下两点。

第一，随时随地寻找目标客户。一名优秀的销售人员会随时随地寻找目标客户。而各类的社交活动就是寻找目标客户的最佳时机，比如：喜宴、葬礼、座谈会、演讲会等。陈小姐大学毕业后来广州工作，在一家电器公司做销售人员。初来乍到、人生地不熟，于是她周六、周日必去登山，演唱会、音乐会等也一定去，可谓每会必到。由此，在短短的时间内认识了很多目标客户，业务做得很红火。

第二，大范围地发送名片。每一位销售人员都应设法让更多的人知道你是干什么的，推销的是什么产品。这样，当他们需要这些产品时，就会想到你。

你可以利用一些有益的社交活动认识一些人，让更多的人知道你。在这个时候就要利用你的名片了。你的名片一定要有特色，让它不至于被对方忽视或遗忘，或在你发放给人的第二天在垃圾桶里找到它。

每一个人都使用名片，但乔·吉拉德的做法与众不同：他到处递送名片，在商场购物时递，在餐馆就餐付账时递，甚至利用看体育比赛的机会来推广自己。他订了最好的座位，带去10000张名片。当人们为明星的出场而欢呼的时候，他把名片扔了出去。他认为，正是这种做法帮他做成了一笔笔生意。当人们要买汽车时，自然会想起那个抛撒名片的销售人员，想起名片上的名字：乔·吉拉德。他的成就正是来源于此。

4.电话拜访法

电话拜访区别于其他几种拜访方式，因为无法与客户面对面沟通，就很难通过客户的表情判断他的满意度。在一通电话中，能传递相关信息的方式除了直截了当地表达外，就只有通话的声音了。

在打电话前深呼吸几次，可以使自己的心平静下来，并使自己的声音变得沉稳有力。在桌上放一杯水，当说话太久时，喝一些水，可以松弛声带。

推销员小林像很多新手一样，紧张地对着话筒机械地说："陈先生吗？你好！我姓林，是某公司业务代表。你是成功人士，我想向你介绍……"

电话那头的陈先生直率地说："对不起，林先生。你过誉了，我正忙，对此不感兴趣。"说着就挂断了电话。

小林放下电话，硬着头皮又打了半个小时，每次和客户刚讲上两三句，客户就挂断了电话。

小林的上司姜经理问他："小林，你知道为什么客人不肯和你见面吗？"

姜经理见他没有回答，便解释起来。

首先，你应该说明目的，是为会面而打电话的。其次，奉承话讲得太夸张不行。你开口便给对方戴了个"成功人士"的大高帽，对方会立刻产生一种反感。和陌生人通话，太露骨的奉承令人感到你是刻意推销，也容易给人急功近利的感觉。

姜经理说完亲自示范给小林看，他精神饱满地对着电话那头客户微笑着说："邹先生，你好！我姓姜。我们没见过面，但可以和你谈一分钟吗？"他有意停一停，等待对方理解了说话内容并作出反应。

对方说："我正在开会！"

姜经理马上说："那么我半个小时后再给你打电话好吗？"

对方毫不犹豫地答应了。

姜经理对小林说，主动挂断电话与被动挂断电话的感受不一样。尽可能主动挂断，可以减少失败感。

半个小时后，姜经理再次接通电话说："邹先生，你好！我姓姜。你叫我半个小时后来电话……"他营造出一种熟悉的回电话的气氛，缩短了双方的距离感。

"你是做什么生意的？"

"我是某公司的业务经理，是专门为客人设计一些财经投资计划的……"

邹先生接口说："教人赌博，专搞欺骗？"两人都笑了。

"当然不是！"姜经理说，"我们见见面，当然不会立刻做成生意。但看过资料印象深些，今后你们有什么需要服务的，一定会想到我啊！"

邹先生笑了笑，没说什么。

"这两天我在你附近工作。不知你明天还是后天有时间？"姜经理问。

"那就明天吧。"

"谢谢。邹先生，上午还是下午？"

"下午吧！4点。"邹先生回答。

"好！明天下午4点见！"姜先生说。

姜经理放下电话，小林禁不住拍手欢呼。

大师手记

顾客来问货，行情送上门。

——稻盛和夫

通过细枝末节开发潜在客户

潜在客户是对您提供的产品有潜在兴趣的任何人（或组织）。在销售术语中，潜在客户也常被称为线索。有些是高质量的潜在客户（如来自现有客户的推荐），有些潜在客户需要接受一些指导和跟进才能让他们准备购买，有些则不具备购买条件（这可能占很大一部分）。

在不同的角色看来，潜在客户也有不同的释义。比如营销人员口中的潜在客户，可能是某个客户群体，也可能是在网站上提交注册信息的人（即销售术语中的MQL，营销合格线索）。而销售人员口中的潜在客户，可能是经过沟通并初步表达了购买意向的人（即SQL，销售合格线索）。

无论如何划分，有效的潜在客户就是还没有向你掏钱但有意愿和能力掏钱的那些人，你的目的，就是要促成这一点。

开发潜在客户的前提是要有自己的客户群，我们要建立一个足够大的池子，把客户当做池子里的鱼，只要我们引入的鱼足够多，池子里的潜在客户就越多，我们的转化率一定能够达成目标。

对于许多普通销售人员来说，如何钓出池子中的鱼，是一件非常吃力的事情。然而对于成交大师来讲，知道如何迅速吸引潜在客户。成交才能像滚雪球一样，越滚越大！

一个炎热的夏日午后，酷暑难当，4S店的销售人员都躲在办公室里吹空调。4S店展厅的大门突然开了，走进来一对中年夫妇。妻子一边擦着额头上的汗，一边说道："还是展厅里凉快，这车是真该换了，空调不行了。"

办公室里的小夏听闻起身忙迎接客户，与客户闲聊中得知，他们今天是路过4S店，无意要买车，小夏依次介绍了店里的几款热卖车型。期间，妻子在几辆SUV车旁逗留很久。小夏看出他们是很中意SUV车型的，接着给了客户一份报价单，还重点讲述了汽车的置换政策。这是小夏与客户的第一次接触。

次日，小夏给客户打电话，同时预约他们再次来店试乘试驾。按照约定的时间，夫妻二人再次来到4S店，办好手续就开始试乘试驾。途中，小夏对各个车型的集中优势作了详细讲解，如"空气净化器"、"自动泊车"等亮点。妻子一听来了兴趣，当得知车辆的整体价格后，表示价格比较高，还需要再考虑。

小夏看出夫妻二人是真心想要换车，便抓住这个机会讲解了金融免息政策，详细地阐述了免息按揭能给他们带来的实际优惠。最终，这一单非常顺利地成交了。

1.让客户认可你

只有得到客户的认可，客户才会把最真实的情况告诉你。具体来说，获得客户认同要做到两点：

（1）要有责任感，笃守信誉，有责任心。在经营活动中，一定要重信誉，讲信用，以实际行动赢得客户信任。

（2）给客户提供满意的服务，只有以真诚服务打动客户的心，才会获得客户的认可。

让客户认可你，这是很重要的一步，迈出这一步，后面的事情就好办了。但如果遇到客户拒绝你的情况，销售人员需打消客户的顾虑，解除客户的担忧。

2.分析客户情况，匹配合适的方案

客户的情况了然于胸，就能做到介绍得心应手，句句说到潜在客户心坎上，潜在客户才不会拒你于千里之外，更不会为难你，甚至还会产生一种亲切感、信任感。还可以借助自己为客户提供的服务，用事实证明自己的信誉与能力。如此双管齐下，作用更为明显，相信会事半功倍，才能让潜在客户更容易接受你的观点。

到这一阶段，潜在客户可能已经将您归到供应商候选清单，甚至直接锁定了销售人员。尽管潜在客户准备购买，但这仍然只是一个开始。销售人员还需根据掌握的资料，选择恰当的拜访时间、拜访方式、拜访话题，精心为潜在客户设计计划，例如产品匹配、需求分析、价值传导、竞争对手、排除异议、报价、合同审批之类很多环节。

花费巨大成本获取的潜在客户仍然会在这一阶段大量流失，不到成交最后一步，永远存在各种变数，销售人员能做的就是尽量清晰识别潜在客户，聚焦客户关系。这对提高潜在客户转化率有着不可替代的作用。

大师手记

零增长不等于零需求。

——张瑞敏

给自己的客户群画个圈

你很难“把梳子卖给和尚”，不同的产品有不同的受众群体，你不可能把产品卖给所有人。所以，销售人员筛选客户时，要多分析产品的特点，以产品划定客户的范围。

可是，当这个道理放在工作中时，特别是销售工作中时，一部分刚刚从事销售工作的销售人员就不能注意到。他们一直很努力，遇到任何人都不知疲倦地推销着自己公司的产品，尽管对方已经厌烦，并且这些所谓的“目标客户”确实不需要这些东西，他们依然对其做着最大的努力。

一段时间之后，连续的失败给这些满腔热情的销售人员以沉重的打击，是他们比其他找到客户的销售人员笨吗？是他们不够勤奋吗？是他们天生就不适合做销售工作吗？都不是。原因就在于他们在推销自己公司的产品之前没有找到自己的客户群，没有找准销售的方向。

“知己知彼，百战不殆”，这句话不只可以运用到行军打仗之中，放在如战场般的商场之中也一样适用。销售人员是各个公司在商场中的“前线战士”，是公司在客户面前的形象。销售人员的表现直接关系到公司的营业额和公司在客户心中的定位。客户在这场“战役”中当然不是敌人，而是各个商家竞争的目标，首先了解了“争夺”的目标才能再进行下一步的行动。

蔡和城进入汽车销售领域，有行内人士告诉他，现在市场竞争非常激烈，汽车不好卖，一年大概只能卖10辆。蔡和城表示，再难也有办法，并许下宏愿，在半年内卖掉100辆。他没有着急寻找客户，而是选择第一步做市调和学习专业知识。

想成为真正的豪车销售高手，必须想出新营销方法，应该采用主动营销模式。别人一对一销售，蔡和城决定一对十或一对百销售，一次就卖出10辆或100辆。

蔡和城有财务方面的一技之长，他懂得应该把自己财务专长的优势激发到极致。很快他就想明白了一条销售道路，如果能够说服大集团公司拿奔驰作为犒赏——高级员工的礼物，一方面可以用此来提炼公司的目的来达到节省的费用，另一方面能够奖励干部，只要他们在公司服务满一定期限，就可以送给他们。

一旦有了想法，蔡和城立马行动起来，他开始了冠军级的客户搜集，从100多家公司选出了三四十家，然后各个登门拜访。但是，销售结果出乎蔡和城的意料，三个月转眼就要过去了，没有一个老板要跟他合作。

他冷静下来，开始总结客户的规律，包括什么样的客户，能够谈并且谈什么样的特点才能够说服他们？他之前所找到的客户群体是什么？都是事业有成，年纪稍微偏大一些的大老板，这些大老板都是打拼了一辈子才有今天的传统企业家。

这些传统企业家知道成功来之不易，曾经沧海难为水，他们比较节俭，根本不可能一掷千金地买下10辆奔驰车。于是，他转变了思路，应该去找一些高风险高报酬，未来行情和愿景都好的高科技公司，找一些早早都通过财富自由的年轻老板，比如说网络公司、软件公司、科技公司、游戏公司。年轻的企业家有冲劲，敢投资。蔡和城开始各种利用报纸杂志网络去搜集这些信息。有些小公司只有十几个人明显不合适，至少得找中等规模以上的，最好还不要上市，因为没有上市，所以财务制度还不算完美和严谨，可以由老板一人说了算。

蔡和城心里清楚，用心找适合客户，真的非常重要，只有慢慢筛选才能找到的优质客户。最终，他把精力都集中到了3～5家公司。他按照事先做好的方案，将汽车销售给了三家公司。最后，这三家公司共买了99辆奔驰。

要想半年销售100辆奔驰，如果跟着其他业务员一辆一辆卖，恐怕很难实现在这个目标。蔡和城没有盲目销售，而是先认真分析了目标达成与客户之间的关系，从100家公司慢慢筛选，找到优质客户；再着眼于高科技类型的大公司，或即将上市的、有购买实力的公司为主要销售对象，最终达成了自己的销售目标。

不管什么样的产品都有自己的特点，因为这些与其他类似产品不同的特点，而使得这个产品面对的客户群与其他产品不同。

根据自己所推销的产品确定客户群，也就是根据自己想要达到的目的而确定了方向。紧盯着正确的方向往前走，成功的路上将少走很多弯路，离成交也越来越近。

大师手记

成功的销售不仅取决于你对产品的了解，还取决于你对客户的了解。

——道尔·卡内基

借助有影响力的人物开发客户

影响力是一种非常特殊的人格魅力，在某些不特定的情况下，我们会因为别人的影响力而产生意识或者行为上的改变，这种改变是潜移默化的，也是自主自愿的。

在销售过程中，开发有影响力的中心人物，需要利用“中心开花”法则。“中心开花法则”就是推销人员在某一特定的推销范围里发展一些具有影响力的中心人物，并且在这些中心人物的协助下，把该范围里的个人或组织都变成推销人员的准客户。

“中心开花法则”所依据的理论是心理学的“光环效应法则”。心理学原理认为，人们对于在自己心目中享有一定威望的人物是信服并愿意追随的。因此，一些中心人物的购买与消费行为，就可能在他的崇拜者心目中形成示范作用与先导效应，从而引发崇拜者的购买与消费行为。

实际上，任何市场概念内及购买行为中，影响者与中心人物是客观存在的，他们是“时尚”在人群传播的源头。只要了解和确定中心人物，使之成为现实的客户，就有可能发展与发现一批潜在客户。

利用这种方法寻找客户，推销人员可以集中精力向少数中心人物做细致的说服工作；可以利用中心人物的名望与影响力提高产品的声望与美誉度。但是，利用这种方法寻找客户，把希望过多地寄托在中心人物身上，而这些所谓中心人物往往难以接近，从而增加了推销的风险。如果推销人员选错了客户心目中的中心人物，有可能弄巧成拙，难以获得预期的推销效果。

在你推销产品时，常常有这样的情况：一个家庭或一群同伴们一起来跟你谈生意，做交易，这时你必须先准确无误地判断出其中的哪位对这笔生意具有决定权，这对生意能否成交具有很重要的意义。如果你找对了人，将会给你的生意带来很大的便利，也可让你有针对性地与他进行交谈，抓住他某些方面的特点，把你的产品介绍给他，让他觉得你说的正是他想要的产品的特点。

相反，如果你一开始就盲目地跟这一群人中的某一位或几位介绍你的产品如何如何，把真正的决定者冷落在一边，这样不仅浪费了时间，而且会让人认为你不是做生意的人，连最起码的信息——决定权掌握在谁手里都不知道，那你的产品又怎能令人放心。

如何确定谁是这笔交易的决定者，很难说有哪些方法，只有在长期的实践过程中，经常注意这方面的情况，慢慢摸索客户的心理，才能做到又快又准确地判断出谁是决定者。不过，这里可以介绍几种比较常见但又比较容易让人判断出错的情况。

当你去一家公司推销沙发时，正好遇到一群人，当你向他们介绍沙发时，他们中有些人听得津津有味，并不时地左右察看，或坐上去试试，同时向你询问沙发的一些情况，并不时地做出一些评价等。而有些人则对沙发无动于衷，一点也不感兴趣，站在旁边，似乎你根本就不在旁边推销产品。这两种人都不是你要找的决定人。当你向他们提出这样的问题：“你们公司想不想买这种沙发？”“我觉得这沙发放在办公室里挺不错的，贵公司需不需要？”他们便会同时看着某一个人，这个人便是你应找的公司领导，他能决定是否买你的沙发。

当你在推销洗衣机时，一个家庭的几位成员过来了，首先是这位主妇说：“哦，这洗衣机样式真不错，体积也不大。”然后长子便开始对这台洗衣机大发评论了，还不停地向你询问有关的情况。这时你千万不要认为这位长子便是决定者，从而向他不停地讲解，并详细地介绍和回答他所提出的问题，而要仔细观察站在旁边不说话，但眼睛却盯着洗衣机在思索的父亲，应上前与他搭话，“您看这台洗衣机怎么样，我也觉得它的样式挺好”。然后再与他交谈，同时再向他介绍其他的一些性能、特点等。因为这位父亲才是真正的决定者，而你向他推销、介绍，比向其他人介绍有用得多，只有让他对你的产品感到满意，你的交易才可能成功，而其他人的意见对他只具有参考价值。

在有些场合下，你一时难以判断出谁是他们中的决定者，这时你可以稍微改变一下提问的方式。比如，你可以向这群人中的某一位询问一些很关键、很重要的问题，这时如果他不是领导者，他肯定不能给你准确明了的答复，而只是一般性地应答，或是让你去找他们的领导，如果你正碰上领导者，那么他就能对你提出的重要的问题给予肯定回答。这种比较简单的试问法，可以帮你尽快地、准确地找到你所想要找的决定者，能使你更有效地进行推销活动，避免了时间上的浪费，提高你的产品推销效率。

大师手记

客户没有高低之分,却有等级之分,依客户等级确定拜访的次数、时间,可以使销售代表的时间发挥出最大的效能。

——梅　第

让“局外人”帮你介绍客户

口碑，是无形的，但是带来的好处或者损失却是实实在在的。销售人员在自己的客户中间也存在着口碑，真诚为客户服务，销售人员会在客户中获得良好的口碑，每当客户谈起你时，总会加以表扬之词；只想着从客户身上赚钱，对客户的服务不够真诚，或者有欺骗对方的现象，销售人员会在客户中获得不良的口碑，每当客户谈起你时，总是摇头或者皱起眉头。

人言可畏？还是人言有利？在现代生活中，人们对于另外一个人的评价到底能起到多么大的作用？答案是：很大的作用，有时甚至可以帮助你事业成功，或者让你一败涂地。至于人言到底是可畏还是有利，就要看被评价的人如何做了。

有些销售人员认为得罪一两个客户没有关系，人这么多，还有很多其他的客户能为自己带来收益。所以，当他们遇到让自己不开心的客户时，就忘了优秀销售人员应该做到的种种工作，也忘了销售人员在客户面前不能做的事情，而全凭当时自己的情绪来控制自己的行为，导致客户非常不愉快地离去。可能在短期内不会出现任何问题，但是，长远看来，对于销售人员的业绩影响很大。

美国销售专家乔·吉拉德在自传中写道：“每一个用户的背后都有250个客户，销售人员若得罪一个客户，也就意味着得罪了250个客户；相反，如果销售人员能够充分发挥自己的才智利用一个客户，他也就得到了250个关系。”这就是乔·吉拉德著名的“250定律”。美国保险销售大王弗兰克·贝特格特别强调了这种方法的有效性，他还有这样的亲身经历。

一个意志消沉的年轻人来向弗兰克·贝特格请教。他说自己推销寿险已经一年多了，刚开始做得还不错，可当他把寿险销售给一些朋友及大学同学后，就不知该怎样继续了，现在他心灰意冷，准备放弃。

弗兰克·贝特格对他说："年轻人，你只做到事情的一半，回去找向你买过保险的客户，从每个客户那里至少会得到2个以上的客户。此外，不管面谈结果如何，都可以请拜访过的每个客户给你介绍朋友、亲戚等。"

半年后，他又找到弗兰克·贝特格，他说："贝特格先生，回去后我紧紧把握一个原则就是不管面谈结果如何，我一定从每个拜访对象那里至少得到2个介绍名单。我现在已经得到500个以上的名单，比我自己四处去闯所得的要多出许多。今年上半年，我已缴出23.8万美元。以我目前持有的保险来推算，今年我的业绩应该会超出150万美元！"

不仅可以利用客户为自己宣传，还可以利用局外人为自己宣传。在一般情况下，法庭的陪审团很难对律师的辩护词给予充分的肯定，所以最终的判决与律师的努力形成不了正比。面对这种情况，辩护律师通常请目击证人到法庭上提供最有利的证词，以增强辩护词的可信度，取得预期效果。不妨将这种方法引入销售当中，"证人"可以让销售人员节省很多精力。利用"局外人"销售，会非常快捷而又有效地获得客户的信赖。

大师手记

凡真心尝试助人者,没有不帮到自己的。

——汤姆·霍普金斯

客户群里一个都不能“少”

每个人都希望被重视，每个人都希望被关注，重视和关注别人，别人同样也会重视你，关注你，回报你，每一位客户都是需要被重视的。在销售中，销售人员习惯于盯住最有决策力的客户，却忽视了客户身边的人。但有时候，可能最不起眼的人却在你的销售进程中起着至关重要的作用。

其实，对一个用心的销售人员来说，寻找具有影响力的人物一点也不难。除一般的实权人物之外，谁是你产品的使用者，就可以直接找谁。但值得注意的是，对他有影响的人的意见也同样不能忽略。

有一位销售杀虫剂的销售人员打算去拜访该农场的经理，他们已经有了很长时间的合作关系。平常这位经理都在农场，但当天他恰巧不在。于是农场的副经理很礼貌地向他询问：“我是不是有什么可以帮助您的？”然而，这位销售人员的反应却很冷淡，根本没把这位副经理放在眼里。

不久之后，销售记录显示，这个农场不再向他们购买一向使用效果很好的消灭飞蛾的喷剂了。这位销售人员火速赶到农场见经理，但一切都来不及了，因为农场已向他们的竞争对手采购了另一种品牌的药剂，而这两种药剂的功效都差不多。

“你们为什么要更换药剂呢？你们不是一向都很满意我们的产品吗？”销售人员不解地问。

“是的，我们过去是很满意，但你们却变更处方，新的处方效果就差一些了。”经理回答他。

销售人员抗议道：“没有啊！我们一直都没有变更它的处方。”

“你们一定变更了，我的副经理告诉我，现在的药品会塞住喷嘴，我们要花好几个小时的时间来清理那些被阻塞的喷嘴。副经理还对我说，你的同行卖给我们的药剂就没有这个问题。”

对于销售人员来说，客户其实就在身边。养成随时发现潜在客户的习惯至关重要，在这个纷繁复杂的社会里，任何一个企业、一家公司、一个人都有可能成为某些产品的购买者或某项服务的享受者。而如果你只在意所谓的能作出购买决定的客户，而对其周围的人和事态度冷淡，那么最后肯定会后悔不已。

艾比是一家房地产公司的销售人员。一天，他正在等一位客户，这时一辆汽车开了进来，从车上下来一对年纪较大、有点不修边幅的夫妇。

艾比用自己的眼光对他们进行了判断后得出结论：“我不能跟他们做销售。这个男人看起来快60岁了，女的也有50多岁，而且肤色不同，他们没房子住，只在租来的公寓里住着。男人看起来是一个商人，但却没有财务人员；女人明显是个失业者，负债累累，他们顶多是过来看看，根本就不能买房子，因为他们买不起。我可没时间搭理这些人。”

可是，三天后，艾比所在公司的竞争对手——森威房地产公司传出一则意外的消息：该公司的一位销售人员成功地将一套10万美元的别墅卖给了一对老夫妇，据说这对老夫妇用的是毕生的积蓄，那些钱装在一个旧的大信封里，里边的10万美元现金整齐地码放在一起——这对夫妇正是艾比那天见到的“年纪较大、有点不修边幅”的夫妇。

“不能根据封面来判断一本书”，这句话用在销售业的确很合适。不管一个人的肤色如何、年老还是年少，不管其信仰和性别如何、穿着打扮怎样、住在何方，也不管他提出什么样的借口和异议，没有一个人能事先判断哪个客户是买主，哪个客户不是买主，因此也就不能用自己的主观想法来对客户作判断了。没准你最看不上眼的一个人，就是你的潜在大客户。

作为一名合格的销售人员，首要的就是要会认真捕捉客户发出的信息，但捕捉到的不是消极方面的，而是积极方面的。他能准确地判断出客户对他的产品是否有兴趣，因为客户已经直接或者间接地回应了所看到的广告或市场宣传。

而且，懂得尊重客户，也会得到客户的尊重。记住，每一个人都是一位目标客户，不能用自己的主观判断来下结论，以免影响最终的成交。

不要放过任何一个客户，即便你已经深知销售的二八法则，依然让每一位客户感受到被重视。所以，关键客户我们要重视，普通客户也要加强服务。

大师手记

销售代表决不可因为客户没有买你的产品而粗鲁地对待他，那样，你失去的不只是一次销售机会——而是失去一位客户。

——博恩·崔西

利用客户的关系网扩大客户群

每个人都有自己的人际关系网，有些人的人际关系网比较广，其中，除了包括自己的亲人之外，还有很多朋友、同事、同学，甚至其他关系的人，而有些人的比较小，只有少数的亲人和朋友，但是，只要是一个在社会中正常学习、工作、生活的人，都会与或多或少的人有一些联系。

因此，每个人都会和周围与自己有联系的人进行信息的交流，而信息的交流主要表现在交谈上，他们交谈的内容无非是有关自己身上或者听到、看到别人身上发生的事，而发泄对身边人和事的不满是其中比较重要的一部分。

我们在影响别人的同时，别人也在无形中影响着我们。每个人都会被周围的人影响，虽然被影响的大小不同，影响的深刻程度和保持的时间长短也不同，但是没有人可以否认这一点。

所以，要想在客户当中拥有好的口碑，并利用客户之间的“口口相传”扩大自己的业绩，必须要注意自己对于客户的售后服务。

如果销售人员希望能利用对方的口碑来扩大自己的销售业绩，第一个比较有效的办法就是想出一些有特色的服务让对方记住你，比如赠送特别的小礼物等。第二个比较有效的办法是直接告诉对方，像下面这段广告语：“如果您对我们的产品和服务满意，请告诉您的朋友；如果您对我们的产品和服务不满意，请告诉我们。”

“您对我们的产品和服务满意吗？”现在很多商家和销售人员都会用问卷调查或者面对面的方式来问客户这个问题。当客户听到或者看到这个问题时，一般情况下，会本能地回想整个交易过程，包括销售人员怎样给他推销产品、他为什么会选择销售人员所推销的产品、销售人员这个人是否能让他信任、产品购买之后的售后服务是否令他满意等。

如果他对产品和服务很满意，那么销售人员和商家就可以放心，这位客户由于在销售人员的启发下，对于双方的接触又回忆了一遍，加深了印象，这样他就很有可能会给他周围的人讲述有关产品和销售人员的事情。这样，他的讲述会给销售人员带来更多的业绩。

如果对方回答“不满意”，那么，销售人员就应当和气、礼貌地问清具体不满意的地方，然后尽力来补救。当补救工作做完之后，再问问客户是否满意。不管他的回答怎么样，优秀的销售人员都要做到他满意为止。

这样，就算客户刚开始对于销售人员或者销售人员所推销的产品不满意，在销售人员的努力下，也会被感动。等客户终于满意地离开时，也就是销售人员和销售人员所推销的产品拥有好口碑的时候，销售人员的业绩也将随之增加。

另外，销售人员要明确的一点是，客户配合自己的工作并不是客户的义务，而是客户愿意帮忙而已，千万不要强求客户因为从你手中买了一件产品而要再花时间来做出评价。

利用客户的“口口相传”为销售人员来扩大业绩，只能是在销售人员将工作做好之后才会达到的良好效果。如果销售人员的工作没有做到位，或者根本就做得一塌糊涂，那么，“口口相传”为销售人员带来的只能是事业的低谷和业绩的降低。

利用“口口相传”来提高自己的业绩，是销售人员推销最省力的方法。但是，如果想要利用它的话，就必须先将之前对老客户的推销和售后服务做好。

在客户愿意的情况下，请他为你介绍他的朋友，这是销售人员从老客户身上“挖掘”新客户的一种方法。这一方法是让客户来主动找销售人员。如果当销售人员请客户把朋友介绍给自己时，客户拒绝了，那么可以让客户将销售人员介绍给客户，也就是将交易最初的主动权交给新客户，让新客户在对销售人员所推销的产品有需要时第一个想起这个曾经有人给他讲起过的销售人员。

利用客户的“口口相传”来为自己扩大销售业绩是件水到渠成的事情，销售人员不能勉强客户做，也不能阻止他做，唯一可以做的就是让从自己这里买了产品的客户和即将买产品的客户都满意。

大师手记

收入可以以其他形式出现，其中最令人愉快的是顾客脸上出现满意的微笑，这比什么都值得，因为它意味着他的再次光顾，甚至可能带个朋友来。

——雷·克罗克

懂得“利他”，成交稳了

——针对客户特点实施销售方案

销售中，真正让客户心动的，不是产品的本身，而是产品能够带给客户什么好处。客户都有趋利避害的本能，他并不关心你的产品有多好，而是关心产品能带给他们什么好处，所以我们在销售中只要能够成功抓住客户的这种心理，就能牢牢地套住客户的心，从而有效地促成交易。

深入浅出地介绍产品

销售人员向客户介绍产品的意义，是为了向客户传达产品的价值和优势，从而吸引他们对产品的关注和购买。通过产品介绍，可以帮助客户了解产品的功能、特点和用途，从而吸引客户，并最终促成成交。

每一样产品都有它的独特之处，以及和其他同类产品不同的地方，这便是它的特征。产品特征包括一些明显的内容，如尺码和颜色。或一些不太明显的，如原料，从客户最感兴趣的方面出发来介绍产品，才能吸引客户的注意力。

介绍产品时，通过浅显通俗的语言，清晰、准确地介绍产品特点，能更好地激发客户的兴趣，激发他们的购买欲望。深谙介绍产品之道，懂得如何介绍，客户才会购买。

1.讲好故事

有一家公司生产出了一种新的化妆品，这是一款用绵羊油制作的产品。公司的一位销售人员在销售化妆品的时候，没有向客户讲绵羊油含有多少微量元素，是用什么方法生产出来的，而是讲了一个动人的故事：

很久以前，有一个国王。他是一个美食家，有一个手艺精湛的厨师，能做出香甜可口的饭菜，国王对他十分满意。突然有一天，这位厨师的手莫名其妙地红肿起来，做出来的饭菜再也不像以前那么好了。国王十分着急，令御医给厨师治病，可御医绞尽脑汁也弄不清楚这个病是怎么得的。厨师只好含泪离开王宫，开始了自己的流浪生涯。后来一位好心的牧羊人收留了这位厨师。于是，这位厨师每天和这位牧羊人风餐露宿，放羊为生。放羊时，厨师就躺在草地中，一边回想着过去的事情，一边用手抚摸着绵羊以发泄心中的悲愤。夏天到来的时候，他帮助这位牧羊人剪羊毛。

有一天，厨师惊奇地发现自己手上的红肿不知不觉地消退了！他十分高兴，告别了牧羊人，重新来到了王宫外，只见城墙上贴着一张红榜，国王正在面向全国招聘厨师。厨师就撕掉皇榜前来应聘，这时人们早已认不出来衣衫褴褛的他了。国王品尝了他做出的饭菜以后，觉得香甜可口，简直和以前那位厨师做的一样好吃，就把他叫了过来，发现果然是以前的那位厨师。国王就非常好奇地问这位厨师，手上的红肿怎么消退了。厨师说不知道，国王详细地询问了他离开王宫之后的情景，断定是绵羊毛使厨师手上的红肿消退了。

这时，销售人员话锋一转，说道：“我们就是根据这个古老的故事，开发出了绵羊油。”然后，很自然地进行了产品推销。

向客户介绍产品的时候，讲一两个小故事对销售人员来说是走向成功推销的一条捷径，只有客户真正了解你所推销的产品，你才可能获得成功。

2.亲手示范

适当的示范所起的作用也是很大的，一位推销大师说过，“一次示范胜过一千句话”。

几年来，一家大型电器公司一直在向一所中学推销他们的用于教室黑板的照明设备。联系过无数次，说过无数好话，都无结果。一位销售人员想出了一个主意。他抓住学校老师集中开会的机会，拿了根细钢棍站到讲台上，两手各持钢棍的一端，说：“女士们，先生们，我只耽搁大家一分钟。你们看，我用力折这根钢棍，它就弯曲了。但松一松劲，它就弹回去了。但是，如果我用的力超过了钢棍的最大承受力，它再也不会自己变直。孩子们的眼睛就像这钢棍，假如视力遭到的损害超过了眼睛所能承受的最大限度，视力就再也无法恢复，那将是花多少钱也无法弥补的。”结果，学校当场就决定，购买这家电器公司的照明设备。

有人做过一项调查，结果显示，假如能满足视觉和听觉的同时诉求，其效果比仅满足听觉的诉求要大8倍。客户喜欢看表演，并希望亲眼看到事情是怎么发生的。示范除了会引起大家的兴趣之外，还可以使你在销售的时候更具说服力。因为客户既然亲眼看到，所谓“眼见为实”，脑子里也就会对你所推销的产品深信不疑。

一般人常常以为他的产品是无形的，所以就不能拿什么东西来示范。其实，无形的产品也能示范，虽然比有形产品要困难一些。对无形产品，你可以采用影片、挂图、图表、相片等视觉辅助用具，至少这些工具可以使业务人员在介绍产品的时候，不显得单调。

好产品不但要辩论，还需要示范，一个简单的示范胜过千言万语，其效果可让你在一分钟内，做出别人一周才能达成的业绩。

在产品介绍中，销售人员可以列举产品的销售量、利润额、优质证书等，来证明产品的受欢迎程度，促使客户尽快地成为其优胜产品的用户。销售人员也可以广泛利用图片资料、录音及录像等手段，艺术地表现自己产品的特点，竭力用形象化的产品介绍方法去渲染推销气氛，激发客户的购买欲望。

大师手记

通过把焦点聚集在一个简单的词语或概念上，你就能使自己的产品迅速深入潜在消费者心中。

——金克拉

让客户参与进来

所有的销售工作，成交高于一切，成交是销售的最终目标。销售以结果为导向，没有成交一切都是空谈，衡量销售人员优秀与否的标准是用业绩来证明，可以说没有成交就没有销售。

更多的普通销售人员为了成交，只是一味滔滔不绝地讲，如同强塞东西一样把信息告知客户，在一定程度上偏离了真实诉求。而销售人员也乐于这样的活动自嗨，但这种行为只是感动了自己，却没有真正弄懂用户需求，未从客户视角表达成交的可能性，无法引起他们的兴趣。

如果想要充分地调动客户的积极性和参与热情，就要学着成交大师那样打破“独角戏”的模式，在销售环节形成互动的闭环，既要走口也要走心，真正让用户参与到活动或表演当中来，作为一个重要的角色一起演出，这样客户才会产生真切的感觉，投入自己的真情实感。

一位销售人员正在销售跑步机，可是不知什么原因，一直没有打开他的产品包装箱，这时，一位客户走了过来。

客户：“这些是什么控制按钮啊？你们没有一种只有简单开关的跑步机吗？我只想锻炼身体，不想要一部通过阅读说明书才能启动的高科技器械。”

销售人员：“其实要学会操作这台跑步机是很容易的，你只需要看一下操作说明书就行了。”

说着，销售人员拿出说明书，翻开一页，指着一个图表。

销售人员："看！只要按这里，输入你想锻炼的时间，然后这部机器就会提示你以下的步骤。它会给你几个选项，每个选项都能提供不同运动强度的锻炼程序，今后你可以逐渐增加速度和延长锻炼时间。如果你喜欢的话，可以慢慢来，暂时先选择最基本的来锻炼，让自己轻松一点。"

客户："这么复杂，我看还是算了。"

可以说，人人在潜意识里都有着占有的欲望。当人面对产品的时候也是如此，销售人员在销售中如果能够通过自己的言行激发客户们的想象力，对其进行积极的心理暗示，激起客户对产品的占有欲，就等于成功了一半。

有关调查显示，如果销售人员一方"口说"，客户一方"耳听"，那么之后，谈话内容在客户的脑海中只能留下10%的印象和记忆。而让客户参与面谈，所获得的印象则会大大提高。谁都知道，销售是买卖双方的事，切忌销售人员谈，客户听，而应该鼓励、引导客户发表意见，请客户动手试用产品。因为，让客户参与、试用会带来意想不到的效果。具体做法可以参考如下建议：

首先，在销售过程中，销售人员应该引导客户主动参与、触摸，鼓励客户发表意见，请客户动手试用，让客户直接感觉产品的效用、优点及特性，这样能更好地展示产品的效果。客户只有亲自感觉到产品的好处，认识到产品的确能够给自己带来利益，才愿意购买产品。

同时，让客户参与到产品展示中来，可以省去销售人员的许多口舌，不需要销售人员再费尽心机地去说服客户。所以，在推介产品时，销售人员与其一个人滔滔不绝地介绍产品，不如让客户直接参与到产品的展示之中。

比如说，有一名销售人员曾把一块透明塑料布的样品递给一个汽车经销商，然后对他说："请你试试看，能不能把它撕烂。"

销售人员之所以要客户这样做，是因为销售人员知道这位汽车经销商有

50多辆汽车存放在露天停车场，需要东西把汽车盖起来，以防风吹雨淋。销售人员在销售时首先让客户检验一下产品的质量，当客户发现塑料布不容易撕烂时，当然会认为它是盖汽车的好材料，这样就引起了客户的注意，使其产生购买欲望。这样做的目的就是用产品的魅力来吸引客户，让客户体验到产品的效果，以引起客户的注意和兴趣。

其次，优秀的销售人员还会让客户去切身体会，如递给客户一些样品、图表等。一旦客户对产品或服务有了切身体会，他们就更容易联想起拥有产品之后的感觉，就会产生购买欲。

第三，在展示产品时要欣赏自己的产品。在向客户展示产品时，边让客户试用边介绍，而且必须表现出十分欣赏自己的产品，要放大产品的优势。如果销售人员表现得一点也不欣赏自己的产品，在展示产品时必然会显露出来。而要是被客户发现连销售人员自己都不欣赏自己的产品，那他就会认为这肯定不会是好产品。

对于有“显性”需求的客户来说，销售人员这一步的工作十分简单；而对于有“隐性”需求的客户来说，销售人员在做这一步工作的时候就要费一番脑子了。因为很多这样的客户自己也没有意识到自己需要某样产品，而如果销售人员能帮他找出来，并使这个需求与销售人员所推销的产品正好吻合。那么，这次的销售成功的可能性将极高。

比如，孩子是父母的希望，也是父母最舍得花钱的人，孩子聪明、健康是每一对父母的心愿，销售人员可以利用这一点找到很多父母们的“隐性”需要。比如，一名推销乐器的销售人员，告诉一对父母，某样乐器可以让他们的孩子更聪明，将来在同龄的孩子中会更优秀。那么，本来对这件乐器不感兴趣的父母，将开始考虑给自己的孩子买下这件乐器，并给他(她)找个专门的老师教，也对将来孩子比其他的孩子更优秀充满了希望。那么，这件乐器推销给这对父母的成功率将大大提高。

比如，某销售人员了解到客户刚刚买了一套新房。那么，只要这名销售人员所推销的是新房中可能添置的东西或者某些装修可以用到的材料，也就初步确定了客户对这个销售人员所推销的产品有需求。而假如客户已经债台高筑，现有的房子都抵押出去。那么，有关于房子的装修材料和各种家具的需求将近乎于零。这种类型的客户，销售人员应该选择放弃或者重新找到他的需求点后再把他列为客户的范围。

总之，在向客户销售产品时，要充分利用产品展示的机会，尽量让客户自己来作试验，引起客户对产品的兴趣，增强客户对产品的信心。

大师手记

向顾客销售的不应该是那些吸引他们的东西，而是那些使顾客真正受益的东西。

——雷克汉姆

让客户自己发现产品的优点

作为一名销售人员，你在给客户介绍产品特点的时候，是否能给客户留下一个非常深刻的印象，还是和大多数普通的销售人员一样，客户听完你的介绍就忘记了，一个非常重要的因素就是向客户介绍产品特点的方法和技巧。

但是，仔细观察一下就会发现，很多销售人员在给客户介绍产品的时候总是感觉给客户讲了很多自己产品的特点和优势，结果并没有给客户留下一个好的印象，甚至有时候还会遭到客户的反问而无言以对。

推销过程中，把自己的产品推到客户面前，让客户发现产品的优点，这远比自己费尽口舌的宣传更有效力。

华森是一家电力公司的销售人员，一天，他来到一所看来比较富有和整洁的农舍门前，他鼓起勇气敲门，不过门只打开了一条小缝，户主查理太太从门内探出头来。当她得知华森是电气公司的销售代表后，便猛然把门关上了，华森先生无奈，只好再次敲门，敲了很久，查理太太才将门打开一条小缝，华森先生还未说话，查理太太就毫不客气地向他破口大骂。

虽然出师不利，华森却并不服输。他决定换个法子，再碰碰运气。他换了一种语气，大声地说：“查理太太，很对不起，打扰你了，不过我今天来拜访您并非是为了公司的事，而是来向您买一点鸡蛋。”听到这句话，查理太太的态度稍微温和了一些，门也开大了一点。华森接着说道：“您家的鸡长得真好，瞧它们的羽毛多漂亮，多光滑。您这些多明尼克种鸡下的鸡蛋，能否卖给我一些呢？”

门开得更大了，查理太太奇怪地问华森：“您怎么知道我这些是多明尼克种鸡？”华森知道自己的话已经打动了查理太太，便接着说道：“我家也养了一些鸡，可是没有您喂养得这么好，饲养得这么好的鸡我还真是没见过呢。而且，我饲养的鸡，只会生白蛋。夫人您是知道的，做蛋糕的时候，用红褐色的鸡蛋，要比白色的鸡蛋好很多。我太太今天要做蛋糕，需要几个红褐色的鸡蛋，所以就跑您这里来了。”

查理太太一听这话，感到高兴万分，于是不再有丝毫的戒备心理，立刻从屋里跑了出来。华森则利用这短暂的时间，瞄了一下四周的环境，发现查理一家拥有整套的奶酪设备，于是继续恭维道：“我敢打赌，您养鸡赚的钱一定比查理先生养乳牛赚得多。”

最后，查理太太在华森的赞美声中，主动向他请教用电的好处，华森先生给她做了详尽的回答。两周后，华森在公司收到查理太太交来的用电申请书，后来，华森先生便源源不断地收到这个村落的用电订单。

在遭到客户拒绝的时候千万不要放弃，销售人员可以首先唤起客户的好奇心，引起客户的注意和兴趣，然后巧妙地引导客户发现产品的优点，得到客户的肯定。

大师手记

不要为你的产品寻找客户,而是为你的客户寻找产品。

——塞思·戈丁

适当迎合客户的心理

人人都有虚荣心，客户也不例外。客户希望得到销售人员的赞美，销售人员就可以及时地赞美他几句；客户怕被别人看不起，销售人员就应该给其足够的重视。只要顺着客户的心思行事，销售人员就不会吃亏。

从心理学的角度分析，人们爱面子、好虚荣其实是一种深层次的心理需求的反映。因为人们在社会中生活，不仅要满足基本的生存需求，还需要满足各种心理上的需求。在物质资料得到满足以后，人们更需要的是精神上的满足，比如得到别人的尊重和认可以及赞美，得到别人的关心和爱护，在交往中体现自身的价值等。可以说，虚荣心就是为了得到这些心理满足而产生的。

一位打扮得很时尚的女士走进某时装店，在店里转了两圈后，在高档套装区停了下来，一位女店员便走过来招呼她：“小姐，这套服装既高雅又时尚，穿在您身上会使您的气质更加高贵。”女士点点头，表示同意。店员见她很高兴，对这套衣服也比较满意，便又说：“这套衣服的质地很好，相对来说，价钱也比较便宜，其他的衣服要贵一些，但是又不见得适合您，您觉得怎么样？”

店员心想，价格既便宜，质量又好，她肯定会马上购买的。但是，该女士的反应却出乎店员的预料。听完女店员的话之后，那位女士立刻变了脸色，把衣服丢给店员就要走，并且很生气地对女店员说：“什么叫便宜啊？什么又是贵一点的不适合我？你以为我没钱买不起是不是？告诉你，我有的是钱，真是太瞧不起人了，走了，不买了！”尽管女店员不住地道歉，那位女士还是很生气地离开了。原本可以做成的一笔生意，被女店员后来加的一句话给搞砸了。

那位女士的态度之所以很快发生转变，就是因为那位女士比较爱慕虚荣，就怕别人说自己没钱，看不起自己，而女店员的话正好伤害了她的虚荣心，所以才会生气地离开。

要知道，爱慕虚荣的客户最爱面子，所以销售人员应该把握好这一点，给足他面子，适当地说些恭维的话，让客户的自尊心得到满足，风风光光地把东西买走，这才是聪明的做法。

销售人员的一个常见的心理误区就是所谓的“客随主便”，一旦进入对方的地盘，就认定自己是在麻烦别人，骚扰对方，从而缩手缩脚，不敢展示自己的真实风采，从而失去接近客户与之进一步面谈的机会。

作为优秀的推销员，在接近客户时，不应该一味地去迁就对方，从而处于一种心理上的弱势地位。而应本着对客户有利的原则，采取各种说服手段，控制局面，以让局面对自己有利。主动销售总是充满变数，特别是你在别人的地盘上推销时，意外事件简直防不胜防。但是千万不要泄气，不要灰心，牢记你的推销目的，一切言行从对方利益出发，提出方案后，立即行动，主动、积极地去扭转、控制整个局面。

大师手记

顾客满意是长期效益的秘诀,保持顾客的愉快是每个人的事情。

——米林德·M.莱勒

别把产品的缺点当作秘密

很多销售人员担心无法成交，总是一味鼓吹优点而隐瞒缺点。但客户不是傻子，也知道世界上不存在十全十美的产品，并不相信产品真像销售人员说得那么完美。

其实，这种担心没多大必要。即便你能说服一些缺少经验的客户成交，他们也会因为你隐瞒的产品问题再次找上门来。这时候，他们就不再是好说话的客户，而是要求赔偿的投诉者。销售人员一旦失去了客户的信任，成交会受到很大的影响。

美国销售专家汤姆·霍普金斯曾说过：“推销的过程中，如果推销员忽略了产品的缺陷，那只会让他的推销工作更加艰难。因此，永远不要把产品的缺陷当作一个秘密。因为这是一种欺骗行为，也许客户已经知道这个缺陷，但你在介绍的时候并没有明说，对方会认为你在有意隐瞒，势必导致你的信誉丧失。所以，在客户对你提出任何问题之前，你要对每一个主要的不利点做好心理准备，将缺点当着客户的面提出，从而将其转化成优点。”

如果产品缺点在客户可接受的范围内，那么双方还是可以继续谈下去。客户信任销售人员的人品，就愿意在某些方面做出让步。

又是一年橙子成熟的季节，赣南果农们都忙着采摘和装箱。为了让自家的橙子看上去漂亮一些，有些果农开始买来石蜡和染料给橙子打蜡染色，甚至还利用催熟剂对尚未成熟的橙子进行催熟。有一位果农却没有“美容”，因此他家售卖的橙子和其他处理过的橙子一比较就显得十分逊色，不仅颜色不够鲜亮，而且表皮看上去十分粗糙。商贩来收购的时候，自然卖不上价钱。

经过再三考虑，果农决定在橙子上贴个标签，上面写着："健康的橙子平凡的脸，我虽然不够漂亮，但却保证不打蜡不染色，纯天然无催熟。"

这批标签脐橙一上市，就受到了人们的欢迎，被一扫而空，以毫不起眼的外表击败了那些处理过的漂亮橙子，成为市场的宠儿。

"人云亦云"的推销者懒惰、缺乏创意，而杰出销售人员总是能找出自己产品与竞争产品不同的地方，并自然地让客户看到、感受到，从而让客户改变主意，购买自己的产品。

既要讲产品的特色，也要明确讲出产品的缺点。

有人认为俗话说"家丑不可外扬"，对销售人员来说，如果把自己产品的缺点讲给客户，无疑是在给自己的脸上抹黑，连王婆都知道自卖自夸，见多识广的优秀的销售人员怎么能不夸自己的产品呢？

其实，宣扬自己产品的优点固然是推销中必不可少的，但这个原则在实际执行中是有一定灵活性的，就是在某些场合下，对某些特定的客户，只讲优点不一定对推销有利。在有些时候，适当地把产品的缺点暴露给客户，是一种策略，一方面可以赢得客户的信任，另一方面也能淡化产品的弱势而强化优势，适当地讲一点自己产品的缺点，不但不会使客户退却，反而赢得他的深度信任，从而更乐于购买你的产品。因为每位客户都知道，世上没有完美的产品，就像没有完美的人，每一件产品都会有缺点，面对客户的疑问，要坦诚相告。

一名不动产销售人员，有一次负责推销一个市区南城的一块土地，面积有120亩，靠近车站，交通非常方便。但是，由于附近有一座钢材加工厂，铁锤敲打声和大型研磨机的噪音不得不说是个缺点。

尽管如此，他打算向一位住在这个城市工厂区道路附近，在整天不停的噪声中生活的人推荐这块地皮。原因是其位置、条件、价格都符合这位客人的要求，最重要的一点是他原来长期住在噪音大的地区，已经有了某种抵抗力，他对客人如实地说明情况并带他到现场去看。

“实际上这块土地比周围其他地方便宜得多，这主要是由于附近工厂的噪音大，如果对这一点并不在意的话，其他如价格、交通条件等都符合您的愿望，买下来还是合算的。

“您特意提出噪音问题，我原以为这里的噪音大得惊人呢，其实这点噪音对我家来讲不成问题，这是由于我一直住在10吨卡车的发动机不停轰鸣的地方。况且这里一到下午5时噪音就停止了，不像我现在的住处，整天震得门窗咔咔响，我看这里不错。其他不动产商人都是光讲好处，像这种缺点都设法隐瞒起来，您把缺点讲得一清二楚，我反而放心了。”

不用说，这次交易成功了，那位客人从工厂区搬到了南城。

优秀的销售人员为什么讲出自己产品的缺点反而成功了呢？因为这个缺点是显而易见的，即使你不讲出来，对方也一望即知，而你把它讲出来只会显示你的诚实，而这是销售人员身上难得的品质，会使客户对你增加信任，从而相信你向他推荐的产品的优点也是真的。最重要的是他相信了你的人品。

大师手记

当客户在面临选择而拿不定主意时，作为推销员，你的义务是向他推荐两种各方面差不多的商品并将其各自的优缺点予以说明，而不是替他做决定。

——河濑和幸

总是让客户回答“是”

成功洽谈的核心是运用肯定性语言促使对方说出“是”或“是的”，从正面向对方明确表示购买该产品会给他带来哪些好处。

“6+1缔结法则”源自于推销过程中一个常见的现象：假设在你推销产品前，先问客户6个问题，而得到6个肯定的答案。那么接下来，你的整个销售过程都会变得比较顺畅，当他和你谈产品时，还不断且连续地点头或说“是”的时候，你的成交机遇就来了。他已形成一种惯性。每当我们提一个问题而客户回答“是”的时候，就增强了客户的认可度，而每当我们得到一个“不是”或者任何否定答案时，也降低了客户对我们的认可度。

1.限定型提问

在一个问题中提示两个可供选择的答案，两个答案都是肯定的。

人们有一种共同的心理——认为说“不”比说“是”更容易和更安全。所以，内行的推销人员向客户提问时，尽量设法不让客户说出“不”。

比如，与客户约定见面时间时，普通的销售人员会提出这样的问题：“我可以在今天下午来见您吗？”因为这种只能在“是”和“不”中选择答案的问题，客户多半只会说：“不行，我今天下午的日程实在太紧了，等我有空的时候再打电话约定时间吧。”而成交大师则会对客户说：“您看我是今天下午2点钟来见您，还是3点钟来？”“3点钟来比较好。”当他说这句话时，你们的约定已经达成了。

2.单刀直入法提问

这种方法要求推销人员直接针对客户的主要购买动机，开门见山地向其推销，请看下面的场面：

门铃响了，当主人把门打开时，一个衣冠楚楚的人站在大门的台阶上，这个人说道：“家里有高级的食品搅拌器吗？”男人怔住了。这突然的一问使男主人不知怎样回答才好。他转过脸来看他的夫人，夫人有点窘迫但又好奇地答道：“我们家有一个食品搅拌器，不过不是特别高级的。”推销人员回答说：“我这里有一个高级的。”说着，他从提包里掏出一个高级食品搅拌器。接着，不言而喻，这对夫妇接受了他的推销。

假如这个推销人员改一下说话方式，一开口就说：“我是×公司推销人员，我来是想问一下你们是否愿意购买一个新型食品搅拌器。”想一想，这种推销效果会如何呢?

3.连续肯定法提问

这个方法是指推销人员所提问题便于客户用赞同的口吻来回答，也就是说，推销人员让客户对其推销说明中所提出的一系列问题，连续地回答“是”，然后，等到要求签订单时，已形成有利的情况，好让客户再做一次肯定答复。

比如，推销人员要寻求客源，事先未打招呼就打电话给新客户，可以说：“很乐意和您谈一次，提高贵公司的营业额对您一定很重要，是不是（很少有人会说“无所谓”）？”“好，我想向您介绍我们的产品。这将有助于您达到您的目标，日子会过得更潇洒。您很想达到自己的目标，对不对？”这样让客户一“是”到底。

运用连续肯定法，要求推销人员要有准确的判断能力和敏捷的思维能力。每个问题的提出都要经过仔细思考，特别要注意双方对话的结构，使客户沿着推销人员的意图做出肯定的回答。

4.诱发好奇心法提问

诱发好奇心的方法是在见面之初直接向潜在的买主说明情况或提出问题，故意讲一些能够激发他们好奇心的话，将他们的思想引到你可能为他提供的好处上。

化妆品销售人员刘佳在推销一款新护肤品时，先介绍了产品的基本功能，然后她会神秘地提到："这款产品有一种独特的成分，只有我们品牌才有。你能猜猜是什么吗？"通过这种方式，刘佳成功引起了客户的好奇心。客户开始询问更多关于成分的信息，刘佳则逐步揭示这个成分的特别之处和其带来的显著效果。这样一来，客户不仅对产品产生了兴趣，还更有可能购买，以体验这种独特成分的效果。

5.使用反问变被动为主动

销售当中千万不能被客户牵着鼻子走，客户一进店一味地问，你一味地回答，这个时候，客户想知道的都已经知道了，但是对于销售人员来说，却没有卖出产品。尤其是客户回应一句：那我回家考虑考虑。这种情况下，基本上可以宣告销售以失败告终。在客户提问的时候切记不要一问一答，要学会化被动为主动地去反问客户。

客户：你这个东西怎么像假货呀？

销售人员：您能告诉我，这个产品哪一点像假的吗？

客户：这衣服我不太满意。

销售人员："那您觉得哪一方面您不太满意呢？是样式，还是颜色呢？

客户：你的这个产品效果怎么样呀?

销售人员：我们的产品呢，有很多功效，针对不同的人群和需求呢，有不同的效果，你是想解决哪方面的问题呀?

客户：你的产品好贵呀!

销售人员：您应该是对比过很多类型的产品了，才会觉得我们家的产品贵，但是你没有选择便宜的产品，一定是有所顾虑的对吧！你最终在哪里成交对你来说，不是最重要的，关键是能够买到适合你的产品对吧，既然你跟我沟通了，我要感谢你的信任，那你的顾虑是什么呢？可以告诉我，帮你分析一下，毕竟我在这一行这么多年了，可以给你一些有帮助的建议，让你少走弯路，你说呢?

这样通过反问去了解客户真正需要解决的问题，好及时去调整自己的思路，有针对性地给到客户需要的价值，满足客户的需求，那成交就会是水到渠成的事了。

6.刺猬反应提问

在各种促进买卖成交的提问中，“刺猬”反应技巧是很有效的。所谓“刺猬”反应，其特点就是你用一个问题来回答客户提出的问题，用自己的问题来控制你和客户的洽谈，把谈话引向销售程序的下一步。让我们看一看“刺猬”反应式的提问法。

客户：“这项保险中有没有现金价值？”

推销人员：“您很看重保险单是否具有现金价值的问题吗？”

客户：“绝对不是。我只是不想为现金价值支付任何额外的金额。”

对于这个客户，你若一味向他推销现金价值，你就会把自己推到河里去，一沉到底。这个人不想为现金价值付钱，因为他不想把现金价值当成一桩利益。这时，你应该向他解释现金价值这个名词的含义，提高他在这方面的认识。

一般地说，提问要比讲述好。但要提出有分量的问题并不容易。简而言之，提问要掌握两个要点：

提出探索式的问题——发现客户的购买意图以及怎样让他们从购买的产品中得到他们需要的利益，从而就能针对客户的需要为他们提供恰当的服务，使买卖成交。

提出引导式的问题——让客户对你打算为他们提供的产品和服务产生信任。还是那句话，由你告诉他们，他们会怀疑；让他们自己说出来，就是真理。

在你提问之前还要注意一件事——你问的必须是他们能答得上来的问题。

最后，根据洽谈过程中你所记下的重点，对客户所谈到的内容进行简单总结，确保清楚、完整，并得到客户一致同意。

比如："王经理，今天我跟你约定的时间已经到了，今天很高兴从您这里听到了这么多宝贵的信息，真的很感谢您！您今天所谈到的内容一是关于……二是关于……三是关于……是这些，对吗？"

大师手记

销售专业中最重要的字就是"问"。

——博恩·崔西

让客户有折扣可享

享受折扣是人们常见的一种心理倾向，我们在日常生活中经常会遇到这样的现象。特别是在购买产品时，很多客户都会朝着有折扣活动的地方流动。无论是超市打折还是厂家促销或是商店甩卖，人们只要一听到类似的消息，就会争先恐后地向这些地方聚集，以便买到便宜的东西。这种占便宜的心理可以说人人都有，在销售过程中若能利用好客户的这种心理，就会给销售带来意想不到的成绩。

我们说占便宜也是一种心理满足，客户会因为用比以往便宜很多的价钱购买到同样的产品而感到开心和愉快。作为销售人员，其实最应该懂得客户的这一心理，用价格上的差异来吸引客户，使客户乐意购买你的产品，享受你提供的服务。

查理是美国一家公司的销售人员。有一次他找到某公司的经理，带着一个正好符合对方公司利益目标的方案，查理说：“我们这里有个非常好的方案，价值50万美元，而我们的转让费是30万美元。”

谁料那位经理说：“什么？30万？我认为你的价格不太合理。”

查理附和着说：“你说得没错，这个价是有点不合理。”然后，查理微笑着走了。

一个星期后，查理又来拜访，他单刀直入地说：“上次向您介绍的那个方案其实正好能满足您的要求，可是开价30万，实在太荒唐。为此我一直觉得很愧疚，我一直想为您做点什么才好。这一个星期我查找了很多相关资料，终于做出了这个方案，它绝对是物超所值的。您说，如果我能向您提供一个价格仅为8万美元，而效果又相当于30万美元的方案，您是不是觉得这是件好事呢？”

那位经理见价格从30万美元降到了8万美元，兴趣立马就来了，他当然不会放弃一个以8万美元的代价获得价值30万美元的服务的绝好机会。当时，他就签字同意了，查理轻易地完成了这笔交易。

后来，一些有经验的人分析后认为，这个8万美元的项目其实只值3万美元，这位经理是被对方的价格陷阱迷惑了眼睛。

不可否认，有时利用价格的悬殊差距来进行销售确实会起到很好的效果，但是却多少有些欺骗客户的感觉，而客户得知真相以后，也会感到很气愤。看到别人购买到便宜但又质量很好的产品，很多人都会羡慕，因为很多人都有追求实惠的心理，但是客户的这种心理既容易得到满足，也容易受到伤害，因此在销售过程中，销售人员和商家要善于给客户创造真正的便利和实惠，而不是为了获取暴利而肆意欺诈。这样不仅会伤害客户，也会影响自己的声誉。

因此，这种销售方法在使用上一定要注意方式和分寸，既要满足客户的心理，又要确保让客户实实在在得到实惠，这样才能够保持和客户的长久关系，实现互惠互利。像如今的商场几乎每周都推出打折的新花样，不仅满足了客户占便宜的心理，也确实给客户带来了方便和实惠，因此受到了广大客户的欢迎和青睐。

宜家（IKEA）每年会为其会员推出“年度家庭日”活动，期间提供特别的会员折扣、免费食品和饮料，以及家庭娱乐活动。宜家通过邮件、会员通讯和社交媒体提前通知会员，让他们知道这次活动的具体日期和优惠内容。例如，他们会提供部分家具产品的特别折扣，以及全场购物满额赠送优惠券等。这种家庭日活动不仅吸引了大量会员前来购物，还增强了客户的家庭体验和品牌忠诚度。

星巴克（Starbucks）定期推出“买一送一”活动，通常在下午特定时段进行，例如下午2点到5点之间。星巴克会通过其手机应用、电子邮件和社交媒体提前通知客户，提醒他们参与这次限时优惠。客户可以通过购买一杯饮品，免费获得另一杯同等或较低价值的饮品。这种促销活动有效地吸引了大量客户在下午时段进店消费，不仅提高了销量，还增加了星巴克应用的下载量和使用率。

这些案例展示了商场和品牌通过巧妙设计打折促销活动，成功吸引客户并提高销售额的策略。无论是限时抢购、会员专属优惠还是买一送一，这些促销手段都能有效激发客户的购买欲望，增强品牌的吸引力和竞争力。

大师手记

本质上说，营销就是一门吸引和留住有利可图的顾客的艺术。

——菲利普·科特勒

让客户感到机会稍纵即逝

都说“失去了东西才发现它的珍贵”。在现实生活中，人们对于俯拾皆是的东西往往都不会觉得稀奇，视而不见，不去理睬，而当它突然变得很少很难得到的时候，反而又把它当做宝贝，认为它很珍贵，这也就是所谓的“物以稀为贵”的道理。

从心理学的角度看，这反映了人们的一种深层心理，就是害怕失去或者说怕得不到的心理。而在消费购物方面，人们的这种心理也表现得很明显。这种心理可以给销售工作带来极大的帮助。

在现实生活中，越是买不到的、得不到的东西，人们越是想要买到它、得到它，而商家就会利用这种心理来对自己的产品采取相关的销售活动。例如商家总是会隔三差五地搞一些促销活动，比如提出“全场产品一律七折，仅售三天”“本店前30名客户享受买一送一”等口号，很多的客户听到这样的消息都会争先恐后地跑去抢购，因为机不可失，时不再来。在这么好的时机买不到产品，实在是一种损失。其实，商家利用的就是客户的这种害怕买不到的心理，而用“名额有限”“仅有一次”的方式吸引客户前来购买和消费。

针对客户这样的心理，销售人员就要善于在销售过程中，恰当地给客户制造一些悬念，比如“只剩一件产品”“只有三天的优惠活动”“已经有人订购”等，让客户产生这样一种紧张的心理，觉得如果自己再不购买的话，就会错过最佳的购买机会，可能以后再没有机会得到。这样就会促使客户果断地做出决定，使交易迅速达成。

某售楼中心的销售人员小邓负责销售A、B两套房子。一天，有个客户前来咨询，并要求看看房子。而这时小邓想要售出的是A套，在带客户去看房子的同时，他边走边向客户解释说：“房子您可以先看看，但是A套房子在前两天已经有位先生看过并预订了，所以如果您要选择的话，可能就剩下B套了。”

这样说过之后，这位客户的心里会产生这样一种效应，他会觉得既然已经有人预订了A套房子，就说明A、B两套房子相比，A套比较好一些。有了这样的心理，在看过房子以后，客户会真的觉得A套房子好，但是既然已经有人预订了，只能怪自己来得太晚了，于是客户就带着几分遗憾离开了。

过了两天，销售人员小邓主动打电话给前两天来看房子的客户，并兴高采烈地告诉他一个好消息，他对客户说：“您现在可以买到A套房子了，您真是很幸运，之前预订A套房子的客户因为资金问题取消了预订，而当时我发现您对这套房子也比较喜欢，于是就先给您留下了，您看您还需要购买吗？”

客户听到这样的消息，当然十分高兴，因为他有一种失而复得的感觉，既然机会来了，就一定要把握住，于是他迅速地与销售人员小邓签订了合同。

就这样，小邓顺利地按照自己的预想把A套房子卖了出去。他之所以能够成功，就是因为他善于利用客户害怕买不到的心理，巧妙地把客户的注意力吸引到A套房子上来，并且让他产生购买不到的遗憾，激发其强烈的购买欲望，最后又使客户产生惊喜的心理，从而既欢喜又迅速地买下了A套房子。

给客户制造紧迫感，可以促进客户的迅速购买。销售人员可以在与客户的探讨过程中，给客户提供一些适当夸张的市场信息或者与自己销售的产品有关的行情，表明自己的产品比较畅销或者比较紧缺，让客户觉得现在就是购买的最好时机，再不购买可能就买不到了，进而促进交易的达成。

比如，销售人员可以说：“我们公司可能会因为人手不够而减少产品的供应量，所以下半年市场的货会比较紧缺。”或者：“这种产品的制作材料最近价格上涨，所以过段时间，我们产品的价格也会相应提升，建议您及早购买。”这样说，客户怕买不到的心理就会受到刺激，从而激发客户的购买欲望，使销售人员与客户迅速达成交易。

客户一般认为紧俏的产品肯定不错，再不买就买不到了。而抓住了客户的心理，就等于抓住了客户，成交效率自然而然就高了很多，成交效率高，产品就会变得好卖了，产品卖得越好就越会形成短缺，甚至有可能断货，到那时可就是真的短缺了。

现在不买，明天就会被他人买走，还是先下手为强。这就是客户的心理。“物以稀为贵”，东西少了就会变得很珍贵。在消费过程中，客户往往会因为产品的购买机会变少、数量变少而争先恐后地去购买，害怕以后买不到。销售人员如果能够掌握客户的这一心理，适当地加以刺激，就可以激发客户的购买欲望，从而更轻松地成交。

大师手记

销售的最高境界，是让客户感觉赢的同时，自己也能获得满足。

——罗杰·道森

主动出击，成交是聊出来的

——打破关系隔阂，增加黏性

业绩不是等来的，迟迟不成交，就必须主动出击。俗话说：买卖不成话不到，话语一到卖三俏。销售人员要会说话，不是自说自话，主要还是根据客户的话，来巧妙地回话。

抓住客户的"痛点"，促使客户快速作决定

客户在进行消费时，首先会考虑产品是否能够更好地满足需求。其次，还会考虑产品的质量是否有保证、使用期限是否合适、产品的价格是否合理等因素。如果不能符合自己的选购条件，就会在众多的产品中挑选比较合适的进行购买，而这时，客户往往会犹豫不决。

因此，销售人员应该主动出击，把握客户的购买倾向，给客户以合理的建议，帮助客户迅速地作出决定，从而减少时间的浪费，有效地进行销售。

客户无法下决定时，往往会货比三家，从众多的产品中选择性价比最高的一款产品。比如：质量满意的产品价格太高，颜色漂亮的衣服款式陈旧，价格适中的物品又不耐用等。因此客户才会犹豫不决，一时难以作出决定。

客户在购买产品时，当自己期望中的条件不可能全部实现的时候，客户就会在心里进行权衡，利用现有的条件找到折中点，使自己能够买到基本上满足要求的产品。

赵文是一位保险销售人员，他有一位客户姓周，是一位社会工作者。周先生一心投入社会工作，对赚钱和储蓄不感兴趣。每一次，赵文向他谈起保险，他都是理也不理。

一次偶然的机会，周先生向赵文谈到了他最近的苦恼："我向国外申请的一笔基金一直下不来，这对我们的残疾人教育推广的计划影响实在太大！"

听了此话，赵文突然灵机一动，说道："周先生，社会工作面临的最大

困难是财务方面，对不对？其实，保险就是一项社会福利，只是把社会工作企业化经营而已。如果每个残疾人都有一大笔钱能解决他们的生活问题，那么他们自然能够再学习、再教育了，对吗？”

赵文的这番话引起了客户周先生的注意。这时候，赵文趁机将保险建议书展示给周先生看。

第二天，赵文再去拜访周先生，和他谈起了自己写的这个计划。

周先生说：“你的这个计划确实不错，但是，我再过三个星期就要到国外考察，所以现在还来不及办这个保险，只能等到回国后再说。”

听了这话，赵文很是沮丧，于是，他又说：“周先生，是这样，您早一天办，就能早一天得到保障，对您的家庭不是更好吗？”周先生面有难色，说道：“可是，我现在需要准备一些钱出国，两个月的保险费也要十几万呀！”

赵文说：“周先生，我知道您的困难，但是您有没有想到，出国考察的这两个月比较关键，如果您现在办，可以提前两个月得到保障，您也能安心出国。这样吧，您先缴这一个月的保费，等回国后再把余额缴完，好吗？”听了赵文的话，周先生很高兴地答应了。

赵文为周先生算了一下保费，也填好了保书，周先生要赵文第二天上午十点去收钱。

可是第二天早上，赵文突然接到周先生的电话：“昨天我回家同妻子商量，她还是认为回国后再办。为了这件事，我们吵了架，我实在很抱歉，等我回国后再说吧！”

听了此话，赵文一愣，销售保险惹出了家庭纠纷，这是他不曾料到的，他打算当面去给人家赔礼道歉，于是说：“这样吧，我现在就过去，我们当面谈谈！”

一进办公室，周先生就给了赵文一个苦笑，并对赵文说：“不好意思了，答应你的事又……”

赵文也抱歉地一笑，说道："不要这么说，我也觉得不好意思，害得你们夫妻吵架，我知道您是很尊重妻子的，不过，您知不知道，这份保险除了为您妻子而买以外，更是为您三个孩子买的？"

周先生点着头，说道："我知道，可是我没办法呀！"

赵文说："周先生，其实有件事您忽略了，您只考虑到您妻子的看法，那么您有没有考虑到三个孩子的看法呢？而且您也忽略了自己的愿望，您不是说过您要全力培养孩子吗？这一点钱也不会影响您出国呀！"

周先生犹豫了一下，然后微笑着说："好吧，现在就办！"

这时，赵文反而担心了："那您妻子那边……"

周先生很自信地说："没关系，先斩后奏。"于是，他从抽屉里抽出一沓钞票，缴了第一个月的保费。

在销售过程中，销售人员要想顺利地完成销售，就要学会巧妙地促使客户作出购买产品的决定。而要促使客户早作决定，就要学会帮助客户克服心理障碍。

客户对产品产生心理障碍，主要有以下几种原因：

首先是对销售人员销售的产品不是很满意。遇到这种情况时，销售人员应该分析一下客户不满意的地方在哪里，不满意的地方是否真如客户所说的那样。如果客户的不满合情合理，那么销售人员就应该找出产品的优点来弥补令客户不满意的地方，要让客户明白，小缺点是有大补偿的，那样，客户的心理芥蒂就会消失。如果客户的异议不合情理，甚至有点无理取闹，那么销售人员就应该立即予以否定。

其次是客户嫌产品的价格偏高。其实，很大一部分客户在购买产品时，犹豫不决的主要原因就是价格。客户认为价格太贵，主要有两个方面的原因：第一是他觉得产品不值这个价格，第二是客户确实出不起这个价钱。要克服这两种障碍，销售人员就要把说话的重点放在产品的优点以及它能给客户带来的利益上，把客户的注意力转移一下，不要总围绕在价格上。谁都知道产品的很多优点并不能一目了然，只有通过销售人员的详细介绍，客户才能了解，只要销售人员介绍的信息足够完备，客户就能明白产品有这样的价格是合理的。

还有一种情况是客户不想马上购买。大多数客户在购买产品时，如果不是特别需要，一般不会马上购买。销售人员经常会听到客户不想马上购买产品的诸多理由，这些理由有时是真的，但有时它只是客户的一个借口。如果情况属于后者，那么销售人员就要想办法促使客户早作决定。

比如，销售人员应该向客户说明延迟购买产品的不利之处，可以夸大这些不利点，比如目前这款产品正在打折，但是过一段时间就不再打折了，这样的说法一般都会让客户改变初衷。还可以强调产品的时间性，比如销售人员在销售手机时可以这样说："这款手机是最新款的，现在拥有的人不多，如果您过一段时间再买的话，满大街的人都在用这款手机，那样您的心里多不舒服啊。"

另外，想要促使客户早作决定，销售人员本身也需要注意一些问题。

首先要确保客户对你本人的信任。销售人员在介绍产品时，说话一定要流畅，要表现出对所销售的产品十分了解，用一种很自信的态度打动客户，使客户消除疑虑，作出购买的决定。

在向客户销售产品时，销售人员还要注意让自己的语气保持足够的热情。在与客户沟通时，如果言语很热情，那样客户就会觉得自己很受重视，从而很容易接受销售人员说的话。因此，对于销售人员来说，努力训练自己说话的气势，让自己的话语变得富有感染性，才更有利于销售活动的完成。

不仅如此，销售人员还要注意观察和分析，针对不同的客户需求向客户提出合理的建议。比如，当客户在面对诸多选择犹豫不决时，如果发现客户更注重产品的质量和价格，就可以向客户推荐简单实用的产品；如果客户更注重产品的外观，就可以向客户推荐造型别致的产品。经过客户自己的权衡以及销售人员的建议，客户就会及时做出选择，从而使交易顺利完成。

大师手记

我们的目的是销售，否则就不做广告。

——罗斯·乐夫

客户谈价格，你就谈价值

讨价还价是客户常有的一种心理，目的是获得某种心理平衡，使自己购买的产品物有所值，起码要在心理上能够接受。

客户总是喜欢追求心理上的一种价格平衡，即使销售人员给出真实的最低价，客户也会在心理惯性的作用下，依然进行讨价还价。而此时，销售人员已经不能再继续降价，因此往往会导致客户的需求无法得到满足而愤然离去。

其实，“便宜”和“贵”都是相对来说的。对于同一种产品，有的人觉得贵，有的人却认为便宜。就以买书做例子，有人花15块钱买了一本书，他觉得很贵，而有人则认为物超所值。

一般来说，当客户关注产品的价格，并且为了降低这个价格而进行协商时，多半表明他有这方面的需求，真正需要这样的产品。客户说“太贵了”，其实是追求物美价廉的一种心理，同时也想听听销售人员的解释。这时，聪明的销售人员要做的就是要让他们相信你的产品绝对符合这一价格，甚至已经是物超所值了。如果能够成功地做到这一点，那么离成交就不远了。

陈先生为了参加一个结婚典礼，就来到一家商店打算购买一套礼服。这家店里有许多不同款式的礼服，并且标价也不高。陈先生一向很少独自出来购物，心里没什么把握。虽说销售人员站在旁边，告诉他这是本市价格最低的礼服，但是陈先生看来看去，还是无法决定是否购买。

于是，他到了另一家商场里，一位销售人员走过来，耐心地询问他买衣服的缘由。这时，陈先生的心情马上释然了。接下来，这位销售人员并没有马上向陈先生介绍这里的礼服有多么质优价廉，而是先询问各种问题，如购买的目的、他喜欢的款式以及选择的理由、婚礼的规模以及他是否会经常穿这套衣服等等。最后，陈先生如愿以偿地买到了礼服，十分感谢那位销售人员。

我们都知道，价格隐含于价值之中，价格本身的因素就不会显得那么突出了。在销售中，有一种叫“价格三明治”的方法，就是把产品的功能包含在价格中，最后制定出一个最终的价格。所以，作为销售人员，要学会作价格分析，要让客户了解你所提供的价格里面具体包括了什么价值。

因此，面对客户提出的价格异议，销售人员不要紧张，也不要仅仅围绕着价格问题与客户展开争论，而应该看到客户质疑价格问题背后的积极面，尽可能地让客户相信你的产品价格完全符合产品的真实价值，最终说服客户实现成交。

从上面的案例中，我们可以发现客户的选择不完全是因为“价格低”，只凭价格，并不能吸引客户的目光，我们要把握一个成交的核心就是价值，要跟客户谈价值，谈购买的欲求，而不是一直谈价格。

比如，销售人员可以让客户把关注的焦点从价格问题转移到他们更感兴趣的产品价值身上。在具体的实施过程中，销售人员可以采取积极询问、引导式的说明或者相应的产品演示等方法，让客户更认同你的产品。如下例所示：

客户：“你们公司的这款复印机显然要比某公司的价格更高一些，所以我们打算再考虑考虑……”

销售人员：“我知道您说的那家公司，您认为他们公司的产品质量和性能与我们公司相比，哪个更好一些呢？”

客户：“产品的质量不太容易比较出来，不过我觉得他们公司的产品功能好像更多一些，他们公司的复印机应该增加功能……”

销售人员：“其实我们公司的另外一款产品也具有您提到的这种功能，不过这种功能其实是针对专业使用者来设计的，我觉得贵公司的复印机使用的人员和每天需要复印的东西都很多，所以这款操作简单、复印速度快、质量水平更高的机子更适合贵公司日常使用……”

客户：“是这样啊，那我再考虑考虑……”

在上面的案例中，我们看到销售人员把难以解决的价格问题转移到了比较容易解决的质量与性能问题上，从而使客户的购买心理有所变化，可以说这是一种很好的销售策略。

在销售中，销售人员还要注意的就是，不要以为价格低了客户就一定会购买。有时，大幅度的降价更容易使客户对产品的价值产生怀疑，反而认为产品是有缺陷的或是滞销品。此外，销售人员还应该知道，有些客户对产品的价格反应比较敏感，有些则不然。通常情况下，购买力水平比较高的客户会选择购买高档产品，他们往往对价格的高低并不在乎，价格越高，越能满足他们的自尊心和自我表现的需要；而购买能力低的客户往往把中低档产品作为购买对象，他们具有追求物美价廉的消费心理。销售人员应该会察言观色，根据不同的销售对象对价格的异议来选择合适的销售方法。

但是，如果销售的产品价格确实比较高，那么该怎样打动客户的心呢？

遇到这种情况，销售人员应该向客户强调所有能够抵消价格高的因素。当客户对价格提出反对意见时，销售人员要有理有据地说服客户，不要一言不发，了解客户不想买的真正原因，并逐一解决相关问题。

例如，如果客户说："我记得以前的价格不是这样的啊！"言外之意是对现在的价格不满意了。销售人员该如何应答呢？此时，千万不能说"那是什么年代的事儿了"这样的话。因为这些话很容易招致客户的反感，会感觉自己受到了侮辱。销售人员应该态度诚恳、实事求是地说"这不是我们无故提价，是因为成本提高了，功能改进了，原料的价格上涨了，进价也提高了"等，尽量让客户觉得现在的产品价格是十分合理的。

总而言之，要尽量满足客户这种"想要讨个说法"的心理，向他证明产品的价格是合理的或利润是客观的。这样一来，就很容易达成交易。

大师手记

有价值的东西只有对懂得的人才有意义。

——吉姆·罗恩

凡事给自己留好退路

再优秀的销售人员也无法保证每次销售都万无一失，成交失败是不可避免的。然而，对于许多销售人员而言，成交失败似已成为不可挽回的死局，而成交大师往往能死中求生、败中求胜、化不利为有利。乔·吉拉德说，保留一定的成交余地，客户更买账，也就是要保留一定的退让余地，将优惠条件逐步“让”给客户，客户会更乐于成交。

如果销售人员在成交之前一股脑地把所有的优惠条件都向客户和盘托出，当客户要你再做些让步才同意成交时，你就没有退让的余地了。所以，为了有效地促成交易，销售人员一定要保留适当的退让余地。

有时进行到了这一步，当销售人员要求客户下订单的时候，客户可能还会有其他没有解决的问题提出来，也可能他仍有顾虑。俗话说：“买卖不成仁义在。”如果客户最后没作决定，销售人员结束沟通前，千万不要忘了向客户表达真诚的感谢：

“马经理，十分感谢您对我工作的支持，我会与您随时保持联系，以确保您愉快地使用我们的产品。如果您有什么问题，请随时与我联系，谢谢！”

同时，销售人员可以通过这样的话术来促进成交：

“为了使您尽快拿到货，我今天就帮您下订单可以吗？”

“您在报价单上签字、盖章后，传真给我就可以了。”

“马经理，您希望我们的工程师什么时候为您上门安装？”

“马经理，还有什么问题需要我再为您解释呢？如果这样，您希望这批货什么时候到您公司呢？”

“马经理，假如您想进一步商谈的话，您希望我们在什么时候可以确定？”

“当货到了您公司以后，您需要上门安装及培训吗？”

“为了今天能将这件事确定下来，您认为我还需要为您做什么事情？”

“所有事情都已经解决，剩下来的，就是得到您的同意了（保持沉默）。”

“从公司来讲，今天就是下订单的最佳时机，您看怎么样（保持沉默）？”

一旦销售人员与客户达成了协议，需要进一步确认报价单、送货地址和送货时间是否准备无误，以免出现不必要的误会。

推销时留有余地，很容易“诱导”客户主动成交。

“诱导”客户主动成交，即设法使客户主动采取购买行动。这是成交的一项基本策略。一般而言，如果客户主动提出购买，说明销售人员的说服工作十分奏效，也意味着客户对产品及交易条件十分满意，以致客户认为没有必要再讨价还价，因而成交非常顺利。所以，在推销过程中，销售人员应尽可能“诱导”客户主动购买产品，这样可以减少成交的阻力。

销售人员要努力使客户觉得成交是他自己的主意，而非别人强迫。通常，人们都喜欢按照自己的意愿行事。由于自我意识的作用，对于别人的意见总会下意识地产生一种“排斥”心理，尽管别人的意见很对，也不乐意接受，即使接受了，心里也会感到不畅快。因此，销售人员在说服客户采取购买行动时，一定要让客户觉得这个决定是他自己的主意。这样，在成交的时候，他的心情就会十分舒畅而又轻松，甚至为自己做了一笔合算的买卖而自豪。

不要为了让你的客户一时冲动做出购买的决定，而对他们做出你根本无法达到的承诺。因为这种做法最后只会让你丧失这个客户，让客户对你失去信心，那是绝对得不偿失的。

许多销售人员在成交的最后过程中，为了能使客户尽快地签单或购买产品，无论客户提出什么样的要求他们都先答应下来，到最后当这些承诺无法被满足的时候，却发现绝大多数的情况下会造成客户的抱怨和不满，甚至会让客户取消他们当初的订单。而当这种事情发生时，我们所损失的不是只有这个客户，而是这个客户以及他周边所有的潜在客户资源。

大师手记

以做生意来说,有时候三思而行不无好处。

——霍英东

对内敛型客户敞开心扉

有性格开朗很容易沟通的外向型的人，也有性格封闭不易接近的内敛型的人。相比而言，性格内向的人感情比较深沉，不善言辞，待人接物小心谨慎，喜欢独处，快速地对事物作出决断的能力也相对较差，因此，在与这类客户进行交流的时候，销售人员就要多花心思。

性格内向的客户大多沉默寡言，而且又不善交际，对陌生人的态度比较冷漠，在消费过程中也会小心翼翼、精挑细选，甚至很难拿定主意，这样就使销售人员的工作很难开展。特别是销售人员上门销售的时候，内敛型的客户更会提高戒备心，对销售人员态度冷漠，也不爱搭话，致使交谈的氛围比较沉闷。而且，这类客户就算是有购买意向，最后决定购买购买的考虑时间也比较长，想要迅速促成交易是比较困难的。

缺乏经验的销售人员面对这种客户，也许会束手无策，可能会问："那您是怎么决定的呢？"经这样一问，销售人员接下来就不可避免地对客户做出更多的让步。相反，一个有经验的销售人员就会让自己安静下来，说："我想您考虑得越多，对我们的产品就越了解，就越能成为我们的客户。"这样的话一出口，客户也就不好再推托了。

内敛型的客户少言寡语，表面上看似无动于衷，对销售人员及其销售的产品表现得很冷淡，在销售人员介绍产品时也不发表意见，面对这种情况，销售人员不要着急，只要客户没有明确拒绝你，就表示此时的客户其实已经在认真地听，并在心里考虑产品的好坏以及自己要不要购买。他们表现得若无其事，其实只是因为他们对陌生人有一种天生的防御和警惕的本能，因此不会表现得十分热情，即使是对销售人员的观点表示赞同，也只会简单地应承一句，而不会说太多的话。这样冷漠的态度并不是客户不愿意搭理自己，不喜欢自己的产品，只是他们的天性使然，如果因为这些就认为交易没有希望，从而主动放弃销售，这是不应该的。要知道，内敛型的客户往往嘴上不说，但是心里已然有了定论，他们往往不轻易开口发表意见，但是如果开口，所提的问题总是会切中要害，使销售人员很难应对。

事实上，内敛型的客户并不是冷若冰霜，难以沟通，只要能给他留下诚恳、负责的印象，就会赢得他们的好感和信任，从而可能会长期地合作。因此，只要能取得这类客户的信任，拉近彼此之间的距离，就能与之建立稳定长久的关系，使彼此的合作一直持续下去。

作为销售人员，在拜访内敛型客户的时候，一定要给他留下良好的第一印象，起码不能让他讨厌你。也许在初次见面的时候，客户会表现得很冷漠，这时销售人员就要善于创造比较轻松的谈话氛围，说话时语速要放慢，语气要亲切，以化解客户的拘谨和冷漠。通过倾心的交谈，可以使客户放松，也会增加客户对你的信任。

黄利是某相机专卖店的销售人员。有一天，一位先生来店里看相机，柜台的很多销售人员都主动和他打招呼，询问他需要什么样的相机，他都只是说自己随便看看，到每个柜台前都是匆匆地看一下就离开了。而且经过很多人的询问，这位先生显得有些窘迫，脸涨得通红。转了两圈之后，似乎没有看中的相机，正准备离开。

黄利目睹了整个过程，她看出该客户是一个比较内向腼腆的人，而且他感觉客户的心中肯定已经确定了某一品牌的相机，只是因为款式或者价格的原因，或者是因为刚才销售人员的热情招呼，让他有些不知所措，从而打消了购买的欲望。

这时，黄利不想错过这个机会，她很友好地把客户请到自己的柜台前，他说：“先生，您是不是看上某款相机，只是觉得价格不合适？如果您喜欢，我们可以给您适当的优惠，先到这边来坐吧，这边比较安静，咱们聊聊！”客户被黄利说中了“痛处”，红着脸点了点头，跟随黄利来到一边。

两人攀谈中，黄利没有直接提及相机的事，而是说起自己曾经买相机，因为不善言辞而出丑的事，他说自己其实也是个比较内向的人，只是这几年做销售工作，逐渐改变了原来的性格。与客户聊了一些这样的话题以后，客户显然对他产生了一定的信任感，于是在不知不觉中向黄利透露了自己的真实想法。黄利便适时地为他推荐了一款适合的机型，并且在价格上也给了一定的优惠，同时黄利还给客户留了自己的电话，承诺如果相机出现什么问题可以直接联系他。最后，客户终于心满意足地购买了自己想要的相机。

销售人员要清楚这一点，内敛型的客户自己说话很少，但是却喜欢对方比较善谈，能把自己带入谈话的氛围。同时，他们的依赖心比较强，对信任的人会毫无保留地说出自己的想法。如果销售人员能够用自己的真诚来打动客户，就一定能够赢得这类客户的依赖。因此，销售人员在与内敛型客户交流的过程中要踏实诚恳，说话要有理有据。如果不切实际地夸夸其谈，反而会引起他们的反感，认为你不诚实，从而拒绝成交。

大师手记

信用是推销的最大本钱,人格是推销最大的资产,因此销售代表可以运用各种策略和手段,但绝不可以欺骗客户。

——乔·吉拉德

随和型客户需要你适当“加压”

在许多销售人员的眼里，客户主要分为两类：一类就是很难对付的客户，他们经常会给销售人员制造各种各样的麻烦，不愿意听销售人员的介绍，对自己不喜欢的东西就严词拒绝，甚至当面反驳销售人员的言语，让销售人员难堪，这类客户是销售人员所害怕碰到的。

还有一类是能够友好地接受销售人员销售的友好型客户。这类客户比较和气，愿意听取销售人员的建议，即使对产品不是很喜欢，也不会明确拒绝。这样的客户是销售人员比较愿意接近的，相对而言销售起来比较轻松。

看上去比较随和的客户往往冷静沉着，善于思考，经过认真思考后还会提出问题和自己的看法。面对这类客户，销售人员最好从熟悉产品特点着手，多方分析、比较、因势利导，使客户全面了解产品的利益所在，以期获得他们的支持。因为，只有经过他们理智的分析与思考，销售人员的建议才有被接受的可能。要是销售人员拿不出有力的事实依据，更不会耐心的说服讲解，一般是很难成交的。

每一位销售人都喜欢遇到态度友好的客户，当销售人员向他介绍或者销售产品的时候，他们往往会比较配合，对销售人员的不厌其烦的介绍也不会表示出不耐烦，即使销售人员的态度很不热情、不积极，他们也能够容忍，不会轻易发脾气。

章先生到商场购买家电，销售人员小陈见有客户来，就急着向章先生介绍某品牌的家电，而言辞之中在极力催促章先生购买，始终没有询问章先生的意见。章先生虽然点头称是，并微笑地应对小陈，但是却并没有购买的意思。

这时，旁边同样作为销售人员的小李从他们的言谈中发现章先生是一个比较随和的人，但是却缺乏主见，拿不定主意，而小陈急于销售，显然已经让章先生无所适从。所以，无论小陈怎么苦口婆心地劝说，章先生就是不买。

于是，小李走上前来，对章先生说："先生，既然您暂时决定不了，不如我带您看看别的品牌的家电，您想好之后再作决定。"

章先生很高兴地同意了。接下来，小李耐心地带他看了十几种品牌的家电，并认真地给章先生讲解各种品牌家电的特点。在他选出两种之后，又帮他作了详细的比较分析，最终使章先生拿定了主意。鉴于小李专业而周到的服务，章先生很信任他，并在以后的日子里，又多次前来光顾。

销售人员小李在工作中善于摸清客户的心理，并顺着客户的特征，对其进行积极的引导，不仅促成了交易，还能在今后依然得到客户的信任。

从这个案例中我们可以发现，正因为随和型的客户性子慢，不能很快地独自做出抉择，因此在销售的过程中，销售人员不能太过急躁，而应该努力配合客户的步调，慢慢地引导客户，用相对专业的语言给予客户积极的建议，让客户了解到你的诚意，就能很快地消除心中的疑虑，最终促成交易的实现。

随和型的客户虽然态度良好，但是做事缺乏主见，在购买时总是犹豫不决，很难做出决定。一旦别人给其"施加压力"，就会迫使他们作出选择。所以，销售人员如果能够利用这一点，适当地给客户"施加"一点压力，就会很快促进成交。

当然，“施加压力”的方式方法一定要正确。比如，销售人员要始终把主动权抓在自己的手里，用自信的言谈给客户积极性的建议，并多使用肯定性的语言加以鼓励，而且要多从客户的立场来谈论问题，在潜移默化中使客户作出决定。

反之，如果销售人员使用强迫性的说辞来给客户“施加压力”，就可能刺激客户产生强烈的逆反心理。因为随和型的客户表面上看似温和、有耐心，但是其内心也是比较固执的。在他对产品还没有完全信任一个人之前，销售人员就急于把产品销售给他，反而让客户就会产生怀疑，从而对销售人员产生不信任的感觉。在这种情况下，销售人员越是热情，客户越是拒绝接受。

所以说，销售人员在对随和型的客户“施加压力”的时候，要注意方式方法。因为，随和型的客户虽然害怕受到压力，但是却不喜欢受到别人的强迫。要想说服这样的客户，最直接而有效的方法就是消除客户的疑虑，用真诚来给客户“制造压力”，攻破客户的心理防线，使客户没有拒绝的理由。

总之，随和型的客户怕压力。压力太大又会使其产生强烈的逆反心理，因此销售人员在“施压”时，要注意适时、适度，而最好的压力就是态度的真诚。面对这样的客户，最忌讳的就是急于求成，如果能用自己的真诚和耐心让客户产生信任，让客户觉得你不是在向他销售产品，而是从他的立场考虑，客户就没有任何拒绝的理由了。

大师手记

如果你送走一位快乐的客户，他会到处替你宣传，帮助你招徕更多的客户。

——弗兰克·贝特格

倾听独断型客户的真实想法

有的客户行事果断，喜欢独断专行，不愿意与人过多交流自己的想法，也听不得别人的劝说。如果销售的产品不符合他的要求，他们会果断地拒绝销售人员。遇到这样的客户，毫无经验的销售人员会比较头疼，感觉无从下手。其实，面对这样的客户，销售人员就要多动脑筋，采取适当的方法将其说服，顺利地实现销售目标。

在选购合适的产品时，这样的客户往往话语简单，不会向销售人员透露太多的信息，而是更喜欢提出诸多要求，比如："我觉得这个不合适，你能够帮我换一个更好的吗？""你有什么看法呢？"如果销售人员的回答不能让他们满意，那么客户就坚决不会购买，并且会选择迅速离开。

有一对年轻夫妇到商店购买厨具，他们到了特定的销售区，边走边看。琳琅满目的商品让人应接不暇，这位女士一会儿觉得这种好，一会儿又觉得那种也不错，一时间很难抉择。而男士则显得很有主见，在咨询销售人员的时候，如果销售人员要给他介绍某种品牌，他都没有接受，而是直截了当地对销售人员说自己需要的是一种什么样的款式。随后，销售人员给他介绍了几款，都不是他想要的那种，这让销售人员很是为难。

而这一切都被展区主管陈小姐看在了眼里，她断定这位男士是一个独断专行的人，在选购产品的时候心中已经有了既定的目标，而他又不能具体地告诉销售人员是哪一种，所以一时间心思让人捉摸不定。如果再这样下去，客户很可能就会因为找不到合适的产品而选择离开。

陈小姐决定亲自出马，她把这对年轻夫妇引到某一品牌厨具的展示区，并对男士说："先生，我看您是那种很有主见的人，这个品牌的厨具质量都不错，您看您喜欢哪一种款式？"两个人开始转着看。这时女士好像看上了某一款厨具，于是陈小姐便从女士入手："看得出来，您比较喜欢这款厨具，先生您觉得怎么样呢？"男士看了看，摇了摇头，而女士则不置可否，这时男士便耐心地给她分析这款厨具的优缺点，并很快说服了女士。

从两人的对话中，陈小姐听出了男士所喜欢的款式类型，于是她便把其中一款比较符合男士要求的厨具推荐给了他，并说："我觉得这一款比较符合先生的要求。"陈小姐按照刚才男士在劝说女士时所说的标准介绍了一下这款厨具，夫妇二人当即决定购买。

独断专行的客户很有主见，总是以自我为中心，有时还十分固执，就喜欢购买某种品牌的产品，不愿意接受销售人员的推荐和介绍。如果销售人员不能按照他的要求为其提供所需的产品，那么就难以成交。因此，销售人员不要试图改变客户的意愿，否则会适得其反，反而让客户心怀不满。销售人员应该尽可能地通过各种方式来探知客户的真实愿望，让客户自己选择，使其处于主动的地位，从而轻松实现销售。

另外，这种类型的客户有一种统治心理，有强烈的表现欲望，希望能得到别人的认同和服从。在销售过程中，销售人员要善于变换主客关系，把客户放到主人的位置上，让客户自己来评判和选择产品。

销售人员越是热情地陈述产品的优点，他就越会怀疑，这样反而不利于成交。最好的一种方式，就是让客户自己说出自己的意愿来，让他自己来选购，这样既满足了他的表现欲望，还能从而调动客户的积极性，促使交易尽快达成。

这种情况下，销售人员可以说："先生，我看您很有想法，所以您喜欢哪种款式，想必心中早已有答案了吧！"或者说："看得出您对我们的产品很了解，我想您可以自己来选，有什么需要的话请您随时叫我。"这样做，就可以把客户推到主动的位置上来，让他说出自己的想法，而且，按照他的说法来挑选产品，销售人员再借势进行销售，客户就可以顺其自然地接受了。反之，如果销售人员不懂客户的心理，只是一味地热情介绍，客户很可能会打断销售人员的话，或者提出很多问题来刁难销售人员，以维护自己心里固有的看法。

大师手记

在交谈中，判断比雄辩更重要。

——格拉西安

追求另类的客户不跟风

客户作为一个独立主体，他们都有着各自独特的性格和心理。因此，销售人员要针对不同的客户，采取不同的销售策略，使交易顺利实现。

不可否认，很多时候，客户的心理是变幻无常的，让人难以捉摸，本来说好要购买产品了，很可能会因为你一句不经意的话，就会对他产生刺激，导致他改变主意，或者降低购买欲望。因此，销售人员要善于分析和察觉客户的性格和心理，让自己的销售工作变得灵活起来，不要因为一句合适的话错失成交的机会。

有些客户喜欢追求标新立异，力图让自己在众人中显得独特。他们大多有着强烈的好奇心，并乐于接受新鲜事物。在购物的时候，他们总是喜欢比较另类、大多数人不曾购买的东西。如果销售人员不了解客户的这种心理，就会给自己的销售工作带来不便。

他们不爱跟风，甚至痛恨跟风的行为。如果不能把握好他们的这种心理，你就会与成交失之交臂。

一天，一位年轻的女士来到服装店，准备给自己选购一款服装。在挑选中，她看上了一件比较时尚、设计风格比较有个性的风衣。销售人员见她喜欢这件衣服，就上前对她说："小姐，喜欢的话您可以试一下，看您个子这么高挑，身材这么好，这件衣服一定可以显出您的气质。"

年轻的女士挑了一件试了试，脸上露出了满意的笑容，并询问销售人员衣服多少钱，销售人员说："780元，现在我们商店正在搞活动，如果您要的话，可以给您打九五折，我看这件衣服特别适合您，建议来一件吧！"年轻女士很爽快地说："好的，我要了。"

年轻女士把衣服交给销售人员，正准备掏钱付账，这时销售人员边包衣服边恭维她说："小姐您真有眼光，其实很多人都喜欢这种款式的。"

听了这句话以后，年轻女士沉默了一会儿，然后微笑着对销售人员说："不好意思，我想我还是不要了吧。"

销售人员没想到自己一句恭维的话却导致客户改变主意，深感奇怪地问道："您不喜欢这个颜色吗？没关系的，我们可以给您换别的颜色。"女士回答说："不用了，我有点不喜欢这个款式。"说着便准备要走。

销售人员有点不甘心，忙说道："小姐，我们这几款风衣是专门为您这样比较时尚有个性的女士设计的，您穿着这么漂亮，为什么不要了呢？"

年轻女士见销售人员为人比较真诚，便向她解释道："其实我还是很喜欢这种款式的，刚才试穿觉得也比较合适，只是我不喜欢穿和别人一样的衣服。既然很多人都买了，那我就不买了。"

销售人员这才明白，原来，这位时尚的年轻女士比较喜欢标新立异，穿衣服讲究与众不同，于是销售人员赶忙向女士解释说："小姐，请原谅，我刚才说很多人喜欢这一款风衣是事实，但是由于价格比较高，买的人并不多，您是第一个客户……"

经过销售人员的几番争取，年轻女士最终买走了那件风衣。

幸好案例中的销售人员反应比较快，弄清了客户放弃购买的原因，并及时给出了相应的解决办法。否则，轻易失去这位就得不偿失了。

所以，在销售过程中，销售人员要善于从客户的言谈举止中发现其心理倾向和品位偏好，然后针对其心理态势寻找突破口，使客户满意并顺利掏钱购买，如果忽视这一点，你们之间的沟通则是无效的，很难达成最终的销售目标。

通常来说，喜欢标新立异的客户之所以购买那些比较另类的东西，一方面是自己的爱好和兴趣，另一方面则是一种追求独特的心理，他们希望得到别人的重视，希望通过不一样的服饰或装扮使得自己显得与众不同。当销售人员遇到这样的客户时，要给以认同，以迎合客户的心理，比如："您穿上这件衣服真有个性，看起来就是与众不同。""您真有眼光，这件衣服是最新款，您是第一个购买的！"喜欢标新立异的客户听到这样的话，心里一定会很高兴，从而就能顺利地实现销售。

总之，有的客户在购买产品时，为了让自己显得与众不同，引起别人的注意和重视，往往喜欢购买一些比较独特的产品，以便和别人区别开来。从心理学的角度来说，客户的这种求新求异的心理，既与其性格、爱好有着密切的联系，也是一种自我实现的心理需求的表现。当客户在购买时获得别人的注意和销售人员的认同时，便会感到非常愉悦，从而也比较容易接受销售人员的销售，并且不太计较价钱。销售人员一定要把握好这一点，顺利地实现成交。

大师手记

没有得到订单并不是一件丢脸的事，但不清楚为什么没有得到订单则是丢脸的。

——松下幸之助

有异议的客户要顺聊

从事销售这个行业，被客户拒绝是难免的，但对于许多新手来说却难以接受。实际上，每一位销售人员都会遭到客户的拒绝，而不同的是，成交大师认为被拒绝是常事，并养成了习惯吃闭门羹的气度，他们经常抱着被拒绝的心理准备，并且怀着征服客户拒绝的自信，以极短的时间完成推销。即使失败了，也会冷静地分析客户的拒绝方式，找出应付这种拒绝的方法，当下次再遇到这类拒绝时，就能做到应对自如了。

销售人员遭遇拒绝不可怕，可怕的是主动放弃。如果能做到迎难直上，所遇到的拒绝就会越来越少，成功率就会越来越高。其实，要想真正取得推销的成功，就得有在被客户拒绝时从容不迫的气魄和勇气，不管遭到怎样不客气的拒绝，销售人员都应该保持彬彬有礼的服务态度。

有位很认真的保险销售人员，当客户拒绝他时，他站起来，拎着公文包向门口走去，突然，他转过身来，向客户深深地鞠了一躬，说："谢谢你，你让我向成功又迈进了一步。"

客户觉得很意外，心想：我把他拒绝得那么干脆，他怎么还要谢我呢？好奇心驱使他追出门去，叫住那位小伙子，问他为什么被拒绝了还要说谢谢？

那位销售人员一本正经地说："我的主管告诉我，当我遭到40个人的拒绝时，下一个就会签单了。你是拒绝我的第39个人，再多一个拒绝我的人，我就成功了。所以，我当然要谢谢你。正是由于您的拒绝，帮我加快了迈向成功的步伐。”

那位客户很欣赏小伙子积极乐观的心态，马上决定向他投保，还给他介绍了好几位客户。

对成交仍存有异议的客户，我们可以选择执着，也可以选择以退为进。首先，把打开的资料合起来，将工具一一收拾好。这时候动作一定要缓慢，然后，一边收拾，一边轻声叹息：“太遗憾了，这么好的东西（方案），你不要……”显示你对产品（方案）的强烈信心，对对方未能拥有产品（方案）表示惋惜。

其次，再把收拾好的资料、工具一一放进包（箱）中，继续说：“现在不要，恐怕以后再想要就不是现在的价格了！你现在不马上决定，真是太可惜了……”这时候的语速稍微加快，声音也稍稍提高，又一次表达你对产品的信心的同时，制造一种紧迫感，强调此时不要，以后不一定能要成，进行一次强力促成。

如果对方仍无动于衷，就把包（箱）放到左手边，摆出一副立即要中止商谈的架势，趁对方略微放松的一瞬间，突然换一个角度，说：“我给你讲一个故事吧……”讲述一个简短而感人的故事，再进行一次情感触动。

若是还不见效，就要立即中止商谈。把笔插进口袋，站起身，向对方伸出右手（如果你在别人的地盘上，这时候左手拎起包或箱），微笑着说：“跟你交谈，真是一件愉快的事情。今天就到此为止吧，以后有机会再好好谈一谈，下次，我们只谈人生，不谈合作。”充分显示你并没有把商谈的成败得失放在心上，而是喜欢和对方这个“人”打交道。同时，又争取到了下次面谈的机会。最好能做到当场敲定下次面谈的时间，以防中间再发生其他变故；如果做不到这一点，也要告知对方希望能有机会再见。

握手告别后，如果你在别人的地盘上，需要离开商谈场所，转身的动作要干脆利落，与前面的慢声细语形成鲜明的对照，给人留下深刻的印象。转身后别忘记挺胸抬头，使脊背直起来，给对方留下一个美丽的背影，垂头丧气是万万要不得的。

小徐是一位商场推销员，主要负责销售洗碗机。一次，他在向一位女士作了产品介绍后，约好第二天再去拜访她。到了第二天，这位女士虽然在家等着他的拜访，但听了他对产品进一步的详细说明后，说道："我还要再考虑一下，这件事还要同丈夫商量后再决定。"

听罢，小徐虽然知道这次成交的机会不大，但他想在离开之前确诊一下这位女士是有意拖延，还是确有理由不买，是真的要同丈夫商量一下，还是在敷衍他。于是，他说："好的，我晚上再来，可以吗？"女士拖延着不置可否。小徐又提出："您丈夫下班后，会顺路买些食品回家吧？"她反问："你这是什么意思？他根本不带食品回来。"小徐接着问道："那谁买呢？"她说："我买。"小徐问："你经常买吗？"她说："当然。"小徐说："食品很贵吧？一星期的食品将花费你20元或25元，是吗？"她摇摇头，说道："什么20元、25元!差不多要120元呢，你大概从来没自己做过饭吧？"小徐说："是的。我很少做家务，家里的事情都是我太太在做，很辛苦的。"她说："你真是个好丈夫，能体贴你太太。"接着，小徐拿出一个笔记本，对女士说道："我相信您丈夫也是个好丈夫，他一定同意让你再花1800元买一套洗碗机，以便您有更多的时间料理其他家务。"

这位女士思考了片刻，她满脑子都是沾满火锅油的碗碟、糊底的烤盘、各种盘碗碟一大堆……做完家务后，还要辅导孩子写作业……于是，女士当即决定买一套洗碗机。

其实，克服推销障碍与克服心理障碍的原理是一样的，要直面销售障碍本身，逃避解决不了任何问题。

每个推销人都会遇到这样那样的推销困扰。有位做了四年的保险推销顾问，经常面对“保险是欺骗，你是骗子”的责难，他怎么办呢？他难道与客户辩论吗？显然不行，他说：“您认为我是骗子吗？”

对方答：“是啊。你难道不是骗子吗？”

他说：“我也经常疑惑，尤其在像您这样的人指责我的时候，我有时真不想干保险了，可就是一直下不了决心。”

对方说：“不想干就别干，怎么还下不了决心呢？”

他说：“因为我在四年时间里已经同500多个投保户结成了好朋友，他们一听说我不想继续干下去了，就都不同意，要我为他们提供续保服务；尤其是13位理赔的客户，听说我动摇了，都打电话不让我走。”

对方惊讶地问：“还有这事？你们真的给了赔偿？”

他说：“是的，这是我经手的第一桩理赔案……”就这样，他一次又一次地战胜了他人对保险推销的偏见，当场改变了对立者的观点，做成了一笔又一笔的业务。

要想推销成功，面对客户拒绝时首先要先接受客户的观点，然后从客户的观点出发与客户沟通，最后沿着共同认可的方向努力，以促成成交。

任何销售几乎都是从客户异议开始的，销售人员只要遵循处理客户异议的原则，就不必惧怕它。不妨把挫折当成是自我磨炼的机会，从中学习克服拒绝的技巧，找到被拒绝的症结所在，之后就能应对自如了。

大师手记

没有异议，就没有顾客。只要你能帮助别人得到他们想要的，你就能得到一切你想要的。

——金克拉

遇到分析型客户帮他分析到底

有的客户很爽快，买东西时，一旦相中，二话不说就买，拿起来就走。而有的客户则不然，买东西总要左挑右选，他们在购物时最大的特点就是疑心重，爱挑剔。面对这样的客户，销售人员要学会分析，通过客户的种种表现，仔细地对他们作一番深入的分析，把握住客户的心理，从而采取适当的对策来俘获客户的心。

这类客户做事一定要经过仔细的分析，比较注重事实和数据，追求准确度和真实度。一般来说，与这样的客户打交道是很困难的事，有时候会被客户的挑剔弄得不知所措。因此，在与这样的客户交流时，销售人员要认真倾听，并从他们的要求中获取有用的信息。

许飞是做防盗门销售工作的。一次他打电话约见一位客户，电话中他与客户约定好9点左右到达客户的办公室，而客户却显出不悦的语气，要求许飞9点20分准时到，并带上详细的资料。在电话中，许飞认为客户的要求比较严格，认定这是一个难应付的客户，所以需要自己作好比较全面的准备。

在经过了一定的心理准备后，许飞到了客户的办公室。他并没有过于紧张，本来想和客户开个玩笑以缓和气氛，但是看见客户严肃的表情，就改变了主意觉得有些不合适。

在向客户作产品介绍的时候，许飞尽量对每个细节都说得特别详细。在客户询问时也回答得很有条理，还把客户的意见用小本记了下来。这一点让客户很满意，觉得许飞是一个细心稳重的人。

在交谈中，许飞发现客户对一些关于产品的数据很感兴趣，于是他就给客户提供了一份产品的市场调查报告，使他能了解自己所售产品的真实销量。因为防盗门的销量确实很好，对客户也很有说服力，所以许飞感觉很有信心。

经过一系列的考察，客户对许飞销售的防盗门是比较满意的。最后客户决定要买，就等待谈价格了。因为之前许飞了解到客户是一个善于分析的人，对数字比较敏感，所以在说价格的时候，说得很精确，并承诺以一定的优惠来吸引客户，让客户觉得合理，最终，这笔生意顺利地成交了。

在销售过程中，许飞都是随着客户的步调走的，并逐步摸清了客户的心理，于是投其所好，营造了一个井然有序、按部就班的氛围，而这正是分析型的客户所喜欢的。许飞用具体的数据打动了客户的心，让挑剔的客户心服口服。

这种类型的客户之所以爱分析、爱比较，最终还是想要买到实用的、完美而又让人放心的产品，使自己得到实惠。只有当他们的疑虑全部化解的时候，才会接受产品。

在交谈的过程中，销售人员说话要注意逻辑，一定要严谨，讲究条理性，在细节上也要做到无可挑剔。语速要慢，吐字要清晰，对产品的介绍要尽可能地详细，要表现出一种比较严谨的销售风格。而这种善于分析的客户则会从销售人员介绍的细节中来获取有效的信息，以作最后的判断。如果销售人员为求省事，过于大意、粗枝大叶、条理不清、言语不准，对产品少作说明甚至不作说明，只想快速达成交易，不仅不会赢得客户的信任，反而会引起客户的厌烦，甚至遭受客户的怀疑。

正因为善于分析的客户比较注重细节，做事很严谨，所以他们更相信自己的判断，不会因为一时兴起就决定买或者不买。因此，在选购产品时，这类客户不会表现得慌乱着急，而是十分谨慎和理智。

另外，在与分析型的客户见面的时候，一定要给客户留下一个好的印象，介绍产品时要尽量详细，并要仔细询问客户的需求，适时地做些记录，说话不夸张，不隐瞒，也不能强迫客户购买，因为这样的客户往往很有主见，并且追求完美，有着自己的行为信条，不愿意受人摆布。所以，销售人员要注重诸多的细节，以免引起客户的反感。

总之，分析型的客户考虑问题比较周全，那么销售人员就应该做到更加细心周全，只要能在细节上让客户满意，交易自然就会成功。

大师手记

对客户无益的交易也必然对销售代表有害，这是最重要的一条商业道德准则。

——马里奥·欧霍文

面对犹豫型客户要攻心

在销售过程中，销售人员总会遇到办事很拖沓、犹豫不决的人，他们明明相信产品和服务的质量，也相信如果作出购买决定会对自己很有利，但就是迟迟不作出购买决定。他们总是前怕狼，后怕虎。对他们来说，主导他们作决定的因素不是购买的好处，而是万一出现的失误。就是这“万一的失误”，使他们不敢承担购买责任。

有些客户迟迟下不了决心，这种客户的心理可分为几种类型，销售人员可根据不同的类型，给予不同的处理。

有的人总是对自己的决定感到不安，怕自己考虑得不够周到，或担心自己得到的信息不够充分，或想再听听更多人的意见，担心决策过早而遭受损失。这种人胆小怕事、顾虑重重，所以销售人员应该找出他们对自己的决定感到不安的原因，才能找出解决的对策。

还有的人害怕被指责，宁愿等待别人来做决定。这类客户外表平和，比较容易接近，但是，他们往往优柔寡断，不善于自我表达。对待这类客户，销售人员首先要有自信，并把自信传达给对方，同时鼓励对方多思考问题，并尽可能使谈话围绕销售的核心与重点，而不要谈及太多、太复杂的问题。如果客户身边有其他人，应当谨慎地应对客户身边的人，他们的意见往往决定了销售人员是否能够拿下订单。

刘先生是一家外贸服装厂的销售人员，经常和不同类型的客户打交道。

他发现有些客户总是犹豫不决，眼看着一单生意马上就成了，但过几天再联系的时候就杳无音信了。他说："虽然明明知道客户需要我们的产品，客户也知道我们的产品能给他极大的帮助，我的服务也不差，但是谈了很久仍然是一副犹豫不决的样子。我真发愁，怎样才能让这些犹豫不决的客户快速决定呢？"以下是他与客户的沟通电话：

刘先生：王总，这份合约我和您讨论过好多次了，相关的条款也照您的意思作了修改，只要签约，这对咱们双方都是一件好事。您看是不是能在本周完成签约的手续？

王总：嗯！合约的内容是改得差不多了，不过，再看看吧！

刘先生：不知道您还要再考虑什么。这些条件认为是您不合理吗？

王总：很合理，不过，还是给我一些时间再考虑考虑吧！

先从心理学的角度分析一下这些犹豫不决的人的特点。通常来说，这些人的情绪一般来说不是很稳定，忽冷忽热，对一些事情往往没有什么主见，凡事总是盯着坏的一面，而不去想好的方面。

要应对这样的客户，首先要从他们的心理特点和性格因素入手。既然他们不能快速地作决定，销售人员就可以想办法催促他们。比如，可以告诉他"这个项目非常适合你，如果现在不做，将来肯定会后悔"等具有强烈暗示性的话，让他产生一定的危机感，迫使其快速下决心。尽量和客户之中那些富有主见的人去沟通，让有主见的人去影响犹豫不决者的情绪。

面对犹豫不决者，在商谈的时候，销售人员难免会遇到不同程度的障碍，如果不能设法促成对方作出最后的决定，要实现交易必然会很困难。要解决这些问题，我们可以尝试使用下面这些方法。

首先，假定客户已经同意签约。这个技巧主要还是以攻心为上为主。当销售人员发现客户露出购买意向但却有点犹豫不决时，最好假设客户已经在按你的思维作决断了。比如客户想购买一批软件来管理自己的产品和相关数据，但是他对软件的了解不是很多，不太了解这种软件对公司有多大的好处，因此一直在犹豫，不知道到底该不该购买。这时，销售人员就可以对这个客户说："您可以先拿我们的试用版回去，看看怎么样，如果觉得合适，您再订购也不迟。您看怎么样呢？"这样，客户的顾虑就会减少很多。

还有一些客户，就算确定要合作，有意要做成这笔生意，但是仍不愿快速地签单，总是在一些小问题上打转。这时，销售人员最好能及时戳穿客户这种微妙的心理，审时度势，及时解除客户的所有疑虑，而不能只单纯地催促客户签约。如果能设身处地为客户着想，客户自己也就没什么顾虑了，只要客户不再犹豫，签单的时候也就到了。

如果客户天生优柔寡断，虽然对产品和服务很有兴趣，销售人员也解决了他的所有问题，但客户就是拖拖拉拉，迟迟不肯作决定。这时，销售人员不妨故意做出一副收拾东西，马上就说再见的样子。一般情况下，这样的行动会促使那些真正想买的客户赶快作出决定。但也要注意，这种方法只能适用于竞争不是很激烈的情况，否则可能会适得其反，白白让同行钻了空子。

以谦虚的口吻说出诚挚的话语，很容易满足对方的虚荣心，就可以打破客户的心理防线，赢得客户的信任和合作。

大师手记

对人了解是通过心，而不是眼睛或智力。

——杰·亚伯拉罕

多提问倾诉欲很强的客户

遇到不善言谈的客户会令销售人员无所适从，可是，遇到喋喋不休、一直说个不停的客户，也着实令人哭笑不得。有经验的销售人员很清楚，倾诉欲望很强的客户是一种非常难缠的对象。拜访他的时候，高兴起来滔滔不绝，这会导致你花费的时间会比预定的长很多，倘若提出告辞的时机不好，往往会破坏客户的兴致，会被认为很无礼，让客户误以为你的服务不好。

所以很多销售人员都认为与能言善道的客户告辞是一大难题。要让对方感到一种满足，又能够及时地把握时间，避免无谓的耗时，这看起来确实很困难。是让客户把话讲完之后再转移话题呢？还是立刻告辞好呢？

一位先生来到售楼中心，销售人员赶紧迎上前去："先生，您好！需要我的帮助吗？"

客户："我随便看看。"

销售人员："现在买不买没关系，先多了解点行情，到买的时候就方便多了，您说是吗？"

客户："对，是这么个道理。"

销售人员："请问先生，您目前住哪个小区啊？"

客户："我住××小区。"

销售人员："您现在住的小区离我们售楼处距离好远啊，请问为什么到这边看房呢？"

客户：“我和爱人都在这附近上班，而且孩子明年就要上学了，这边有学区房，以后不管是上班还是接送孩子都很方便。”

销售人员：“噢，那您是来对了，我们这里距离××学校很近，步行5分钟就到了。以后工作生活可就方便多了。请问先生，您买房子打算几口人住呢？”

客户：“5口人，孩子的爷爷奶奶也要搬过来。不过我想明年再买，现在资金不是太充足。”

销售人员：“我很理解你的心情，毕竟买房子是件大事。孩子上学是大事，一定要挑选一个离家近的好学校。一般来讲，学区房都比较抢手，涨幅会更大一些，如果现在不购买的话，明年具体是什么情况，我们也不好预料。”

客户：“那您帮我做一下预算，房子还要早买早踏实，免得耽误孩子上学。”

如果有事不得不离开，一定要注意话术，让彼此都舒服的话语。“您的观点别开生面，我收获很大，您看我听得太入神，竟然把时间都忘了。一定会再次拜访，希望能再与您长谈。”这么讲，一方面告诉客户我确实是喜欢听下去，您是一个很重要、很有趣的人，另一方面强调我还有别的事情要去办，很遗憾不能继续听您谈下去，如果再有机会与您交谈，那将是我的荣幸。当然，说这番话，表达这种意思的时机很重要。一般的规律是，当客户吸气时就表示谈话到一个段落了，而当客户吐气时，很可能就要讲话了。如果一不小心弄错了，就很容易引起客户的不快。要使自己成为一名优秀的销售人员，就要经常在实践中积累经验，增强推销工作中“时间就是金钱，时间就是效益”的观念。

显然，爱讲话的客户总比不爱讲话的客户容易应付得多。这种喜欢与销售人员攀谈的客户，通常可分为两种类型，一种是想利用他的口才来使销售人员退却，另一种则是天生就有好说话的个性。

前一种情况中，客户是有意地拿“多侃”做挡箭牌，占用更多的推销时间，使销售人员更多的时间是在听客户海阔天空不着边际地“胡侃”，而分身乏术。在这种情况下，有经验的销售人员首先要及时从大幅的说话内容中发现其矛盾的地方，探寻他们内心真实的欲望以及对推销的抵触情绪。同时还要尽快给客户一种错觉，让客户认为销售人员一直在全神贯注地听着，使客户认为已经把销售人员弄糊涂，让客户放松警戒、消除抵触心理。这个时候，销售人员可以利用对方内心的矛盾、误解、欲望，用简捷的方式直击其要害，逼其对关键环节表态，促使事情明朗化。

此外，对付这种人要严格限制交谈时间，要知道销售成功的关键在于你在一天、一周或一月内销出产品总量的多少，而不是某一天你终于说服了某一客户。要保证总量，就需提高效率，要提高效率，就得在短时间内完成你的交谈。

销售人员必须单刀直入，直接涉及问题的关键，结束客户漫不经心的闲扯。但提问题时，态度要诚恳，尽量让对方感到你的真诚。这时如果他们再打开他的话匣子，也许就会露出更多的弱点。因此，对于喜欢逞口舌之能的客户，要仔细去听，并分析判断出隐藏在“谈话”中的实际问题，提问要坚决果断。

大师手记

让客户谈论自己，让一个人谈论自己，可以给你大好的良机去挖掘共同点，建立好感并增加完成推销的机会。

——雷蒙·A.施莱

注重售后，成交才能闭环

——销售永不停止

如果你认为销售仅仅只是为了把产品卖出去，那你就错了。销售是一个连续的过程，成交既是本次推销活动的结束，又是下次推销活动的开始。成交只是开始，服务永不停止！

售后服务的语言艺术

服务的价值正变得越来越重要，说服务制胜亦不为过。以服务为导向的经营和创新战略已经成为现代企业的基本战略选择，越来越多的企业都将竞争核心向服务为中心靠笼，售后服务占了尤为重要的地位。

相对于售前服务而言，售后服务重在争取客户的信任和安全感，它是指在产品进入消费领域即到达客户手中之后，企业继续向客户提供各项服务的做法。其内容主要有以下几个方面。

1.送货服务的语言

对购买大件产品、大数量产品、自行携带不便的产品，尤其对有特殊困难的客户，要提供送货上门服务。

在约定的时间内到达客户指定的地点，服务人员应先出示证件再作介绍："您好！我是××公司的送货员，这是您订购的A产品，请点验。"然后打开包装，根据送货单上的明细项目，请客户逐项核对，最后，请客户签收："一共×件货品，核对正确，麻烦您在送货单上签名，谢谢！"

2.安装服务

有些产品由安装员上门提供免费安装，当场调试，保证客户放心，它是售后服务的一种主要形式。

安装人员到客户处，同样要出示证件，作自我介绍，带产品上门安装并邀请客户验收货物，然后询问："您这台空调准备安装在哪里？"征得客户同意后再操作。若有收费项目，在操作前须向客户说明。例如，空调安装完毕，进行调试，并说："您的空调安装好了，我试一下机，您看看运行情况是否满意。"客户满意后，请客户签收。

3.包装服务

根据客户的要求，销售人员为其提供各种形式的包装，以满足客户的需要。

"请问，您这件产品是随身带走还是托运？""托运的产品要扎结实，封箱带封好后，我再给您打上包带。""包好了，请拿好，路上当心不要倒放。"诸如此类语言让客户感到您的服务周到、细致。

4."三包"服务

它是指对售出产品的包修、包换、包退服务。"三包"服务方便客户，利于树立企业声誉。

销售人员应向客户说清楚有关"三包"的具体内容和操作要求。例如，"我们的产品有一年的保修期，保险期内由于产品质量问题包退、包换"，或"保修期内，您打保修卡上的电话，我们24小时内会派人上门修理。保修期外，上门修理，要收修理用的材料费"。

5.与客户保持经常性的联系

注意收集客户对产品、服务的意见和建议。

为了做好售后服务工作，最好能建立以下两类档案资料：一是客户资料，包括客户的姓名、地址、电话号码，拥有本产品的种类等；二是服务资料，包括发生故障的产品及其故障情况，接到客户通知的时间及派出维修人员的时间，完成工作的时间，需要维修和更换的零件种类，损坏情形及原因分析，客户对产品及服务的意见，等等。

售后服务也是一种有效的销售手段，其目的是为了迅速将客户的意见反馈给企业，作为改进产品的参考，从而最终进一步地促进销售。售后服务不一定要等售出产品出了问题，接到客户通知之后才处理，而可以定期回访，为之提供较强的使用安全感。

大师手记

最理想的客户是那些有高回报并能终身与我们合作的客户，而最佳的营销策略就是要去吸引这样的客户，并保持住他们的这种忠诚度。

——阿瑟休斯

别跟客户讲对错

在销售中，销售人员难免会与客户发生争执。为了使销售有结果，销售人员必须尽力克制情绪，要具备忍耐力，要不惜任何代价避免发生争执。因为，不管争执的结果是输是赢，一旦发生，双方交谈的注意力就要转移，而客户由于发生争执就会变得异常冲动，是不可能有心情谈生意的。作为销售人员，最忌讳的就是与客户发生争执。

作为销售人员，在销售中不可能是一帆风顺的。有时客户会对你的产品产生怀疑或者对你提供的价格、服务等提出抱怨。这时，如果销售人员没有耐心，就很可能与客户发生争执，结果不仅不能实现销售目标，还会结下怨恨，这实在是不明智的。

我们经常会陷入对错的思考中，心理学认为，这是因为人类在进化过程中，需要分清好与坏，安全与危险。两个人常常陷入类似口角的对话，但实际上目的性很不明确。他们彼此都对某个问题存有异议，但话题却又围着这个问题打转，就像是在寻求协议一样。每一方都坚守自己的论点用以驳斥对方，并且根本不想作任何改变。这样做的结果，不仅不会让事情得到解决，还会引起客户的反感，不利于今后的销售。正确的做法是，在面对客户的怀疑观点时，千万不能直截了当地反驳客户。假如销售人员很清楚客户讲的某些话是不真实的，要放下对错的执念，多从不同角度看待问题，学会包容和接受不同的观点，要以一种合作的态度来阐明自己的观点。这样才可能使事情得到解决，而争执会带来心理上的障碍，必然会影响双方的合作。

另外，在遣词用句方面要特别留意，态度要诚恳，做到对事不对人，切勿伤害客户的自尊心，并要让客户感受到你的专业与敬业。

某机器配件公司区域销售部的王经理，在出差途中接到客户的电话。据反馈，新进的一批配件产品存在严重的质量问题，更换了新配件的机器还不到24小时就因配件出问题造成停机，重新更换新配件后，问题依然存在。因此，客户要求全部退货，并要求配件公司赔偿由此所造成的所有损失。

王经理接到投诉后，立即将这一情况告知了公司，并急忙赶往客户处。经过查看，他认为有可能是本公司的配件问题，也可能是客户进的其他配件有质量问题。由于缺乏相应的检验设备和检验手段，很难断定具体的原因到底是什么。

王经理没有因此跟客户方争执，而是表示要尽量帮助客户，要向公司领导请示给予客户一定的补偿。之后，王经理立即赶回公司，与公司的有关部门及主管商量问题的解决方案。

第二天一早，王经理同技术人员又赶到客户处。王经理没有急于抛出解决方案，而是表示自己往返上千米找到主管，但主管依先例，不支持给予损失补偿。没办法，自己又连夜赶到总经理家，经多次请求，总经理终于答应给予一些补偿，将原配件调回，免费送一套配件，并派技术人员给予现场支持。

尽管客户不是很赞成王经理提出的处理方案，但看到王经理疲惫的神态，又体谅其在短时间内两次到厂的辛苦，而且还带技术人员前来，觉得王经理已经尽了最大努力，认为王经理是真心想要帮助自己，因此也就不忍心再继续为难王经理了。于是，一场棘手的投诉赔偿案就在和气中得以顺利解决。

不和客户争辩是每一位销售人员的办事准则。争辩只会加剧矛盾，强力否认客户的话是一种不明智的表现。解决异议的方法多种多样，没必要非要用争辩的方法。如果客户说了几句抱怨的话，销售人员准备了一箩筐的话来反驳。正是因为销售人员的反驳，把你推向了他的对立面。客户会给诸多拒绝购买的理由，结果当然很难达成交易。

客户王先生：请问，您这个高压锅会不会有什么安全隐患啊？

销售人员李小姐：这些都是经过检验合格的货，能有什么隐患？

客户王先生：那我买回去了，如果在保质期内发生意外，由谁负责？

销售人员李小姐：您没买过保险吗？这个当然是让保险公司给您安排了，我们保的只是质量，如果是因产品使用不当造成意外，与我们的产品无关。

客户王先生：你们可真会“甩锅”啊。算了，算了，不要了。

上述情景中的售货员毫不顾及客户对产品所产生的顾虑，以犀利的语言惹得客户满腔怒气，客户自然不会作过多停留，直接甩头走人，这对商场及产品形象的恶劣影响可想而知。

销售人员：您好，我想同您商量一下有关您昨天来陈列室看过的那张矫形床的事。您认为这种床怎么样？

客户：我觉得这种床太硬了。

销售人员：您觉得这床太硬吗？

客户：是的，我并不要求它是张弹簧垫，但它似乎是太硬了。

销售人员：我还没弄明白。您不是跟我讲您的背部目前需要有东西支撑吗？

客户：对，不过我担心床如果太硬，对我病情所造成的危害将不亚于软床。

销售人员：可是您开始不是认为这床很适合您吗？怎么过了一天就不适合了呢？

客户：我不太喜欢，从各个方面来看都觉得不太适合。

销售人员：可是您的病很需要这种床配合治疗。

客户：我有治疗医生，这你不用操心。

销售人员：我觉得你需要我们的矫形顾问医生的指导。

客户：我不需要，你明白吗？

销售人员：你这个人怎么……

看了这段对话，真的有一种让人哭笑不得的感觉。这位销售人员销售矫形床，由于使用这种床的客户具有特殊性，销售首先面对的肯定是客户的病情，说话稍有不慎就可能触动客户的伤疤，让客户感觉不舒服，这样的话，即使客户非常需要也不会愿意购买。客户提出这种异议，意味着他需要更多的信息，而不是销售人员所说的适合不适合的问题。

一般来说，销售人员一旦与客户发生争执，便会想尽各种办法来说服客户，销售人员就算是在争论中取胜，也会彻底失去成交的机会。而客户最关心的是自己的需求问题能不能得到解决，自己的期望能不能得到满足，自己的顾虑能不能消除，而无心与销售人员争论对错。面对客户的异议，有必要了解客户的真正意图，然后再慢慢引导，而不是说教，这样客户相对容易接受。

对于客户的异议，一般分为以下三种类型：

真实的异议。客户表达目前没有需要或对你的产品不满意，或对你的产品抱有偏见。例如："从朋友那里听到你们的产品容易出故障。"面对真实的异议，你必须根据实际情况采取及时处理的策略，以免影响后面的销售。

虚假的异议。客户提出很多异议，但这些异议并不是他们真正在意的地方，如"这件衣服是去年流行的款式，已经过时了""这部车子的外观不如流线型"……这些理由虽然听起来很合理，但不是客户真正的想法。销售人员要能从这些异议中找出客户的真正需求，从而顺利地完成销售。

隐藏的异议。隐藏的异议是指客户并不把真正的异议提出，而是提出各种假的异议，目的是要借此假象，达成隐藏解决异议的有利环境。例如客户希望降价，但却提出其他如品质、外观、颜色等方面的异议，以降低产品的价值，从而达到降价的目的。

那遇到喜欢争辩的客户该怎么去应对呢?

首先，表示理解。让觉得觉得你能够理解他，能够懂他。对于一个懂自己、理解自己的人，谁还会有敌意，谁还用得着防备呢?因此，遇到喜欢争辩的客户，一定要保持冷静，控制好自己的情绪，保持应有的礼貌和耐心，这样才能营造良好的沟通氛围。

其次，可以提供权威机构的证据和数据，或者提供权威媒体的报道，权威专家的观点，也是可以让客户的想法产生变化，以事实、权威数据佐证你的想法和观点，让客户意识到自己的观点是需要调整的，客户自然会慢慢改变原先想法的。

客户：这款手机挺不错的，但价格有点高。你们能不能再便宜点?

销售人员：我非常理解您的考虑。这款手机确实是市场上最先进的机型之一。除了强大的处理器和高质量的摄像头外，它还具有独特的AI功能，能显著提升用户体验。而且我们还提供两年的免费保修服务。您使用这款手机后会发现它的性能和品质绝对物超所值。

客户：嗯，我知道这款手机性能不错，但是它的外观不太适合我的审美，能不能给我优惠一些?

销售人员：我理解您的观点，外观确实是个人喜好。不过，这款手机的设计在市场上非常受欢迎，它的材料和工艺都是顶级的。而且，我们有多种颜色可供选择，您可以看看其他颜色是否更符合您的喜好。如果您对颜色还是不满意，我们有各种保护壳和贴膜，可以让您的手机看起来更加个性化，同时也增加了保护功能。您可以选择一个您喜欢的款式，这样既能满足您的审美，也不影响手机的整体价值。

客户：这款手机各方面都不错，就是价钱有点儿高。

销售人员：您可以考虑一下我们提供的分期付款选项，这样您可以在12个月内轻松支付，不会给您带来太大的经济压力。这样您可以立刻拥有这款顶尖的手机，而不用一次性支付全部金额，您觉得这样安排如何？

……

这个故事很经典，客户想要更优惠的价格，销售人员通过介绍手机的功能让客户意识到这款手机的价值。一开始，客户的需求没有得到满足，再次提出降价的要求，销售人员灵机一动，提出分期付款的方式来减轻客户的压力，短短的几句话就让客户心悦诚服，销售人员既为公司挽回了经济损失，树立了企业和个人的形象，又促成了这项交易，真可谓是一箭三雕。

大师手记

顾客总是对的；第二条，如有疑义，请参见第一条。

——罗伯逊·沃尔顿

妥善处理客户的投诉

如何处理客户的投诉与抱怨，是售后工作中一项非常重要的组成部分。

客户提出抱怨或投诉，表示客户对销售中的工作不满意，售后服务工作中最棘手的就是处理此类事情。但是，处理好客户的投诉与抱怨就会收到良好的效果。客户有投诉与抱怨是表明他们对这笔生意仍有期待，希望能改进服务水平，他们的投诉与抱怨实际上是企业改进销售工作、提高客户满意度的机会。如果提出投诉与抱怨客户的问题获得圆满的解决，其忠诚度会比从来没有遇到问题的客户高很多。客户的投诉与抱怨并不可怕，可怕的是不能有效地化解抱怨，最终导致客户的流失。

处理问题的过程与处理问题的结果一样重要，处理客户投诉与抱怨是一项复杂的工作，尤其是需要经验和技巧的支持，妥善处理好此类事情。那么，绝不是一件易事，如何才能处理好客户的投诉与抱怨呢?

1.耐心多一点

在实际处理中，要耐心地倾听客户的抱怨，不要轻易打断客户的叙述，也不要批评客户的不足，而是鼓励客户倾诉，让他们尽情宣泄心中的不满。当你耐心地听完了客户的倾诉与抱怨后，当他们得到了发泄的满足之后，就能够比较自然地听你的解释和道歉了。

2.态度好一点

客户有抱怨或投诉就是表示客户对产品及服务不满意。因此，如果在处理过程中态度不友好，会让客户心理感受及情绪很差，会恶化与客户之间的关系。反之，若服务人员态度诚恳，礼貌热情，就会降低客户的抵触情绪。

3.动作快一点

处理投诉和抱怨要及时，一来可让客户感觉受到尊重，二来表示解决问题的诚意，三可以及时防止客户的“负面污染”对业务发展造成更大的伤害，四可以将损失减至最低。一般接到客户投诉或抱怨的信息，即向客户打电话或通过传真等方式了解具体内容，然后在内部协商好处理方案，最好当天给客户答复。

4.语言得体一点

客户对产品和服务不满，有可能会言语过激，如果售后服务人员与之针锋相对，势必恶化彼此关系。在解释问题的过程中，措辞要十分注意，要合情合理，得体大方，不要说伤人自尊的话，尽量用婉转的语言与客户沟通。即使是客户存在不对的地方，也不要冲动。

5.补偿多一点

客户抱怨或投诉，很大程度是因为在使用该产品后，利益受到损害。因此，客户抱怨或投诉之后，往往希望得到补偿，这种补偿有可能是物质上的（更换产品、退货或赠送礼品等），也可能是精神上的（道歉等）。在补偿时，如果客户得到额外的收获，他们会理解你的诚意而重建对企业的信心。

6.层次高一点

客户提出投诉和抱怨之后都希望自己的问题受到重视，往往处理这些问题的人员的层次会影响客户的情绪。如果高层次的领导能够亲自处理或过问，就会化解客户的许多怨气和不满，从而配合服务人员进行问题处理。因此处理投诉和抱怨时，如果条件许可，应尽可能提高处理问题的服务人员的级别。

7.办法多一点

很多企业在售后服务中，处理客户投诉和抱怨的办法就是安慰、道歉、补偿产品、赠送小礼品等，其实解决问题的办法有许多种。除上所述手段外，还可邀请客户参观产品生产过程，或邀请他们参加内部讨论会，或者给他们奖励等。

大师手记

顾客才是最重要的裁判。

——唐·舒尔茨

处理客户抱怨时的语言技巧

在处理客户投诉的过程中，销售人员绝不能推卸责任，更不能去教训客户，与其争辩。在客户抱怨发生的初期，销售人员若能巧妙地运用语言艺术加以缓和，就能把抱怨平息在萌芽状态。

1.诚恳使用“非常抱歉”来稳定客户的情绪

在抱怨发生初期，客户常常都会义愤填膺、情绪非常激动，以至于措辞激烈，甚至伴有恶言恶语。在这种情况下，销售人员先要冷静地聆听客户的全部委屈，全盘了解让他们产生不满的原因，然后再诚恳地向客户表示歉意，用“非常抱歉”“真是对不起”等话语来平息客户的情绪。待客户情绪较稳定时，再商谈投诉之事，问题就容易解决了。

2.妥善使用“请到贵宾室坐下来谈好吗？”

当抱怨的客户在一些店面型的销售场所大声吵闹时，会直接破坏销售的气氛，还会影响到其他客户的购物情绪。有的客户在情绪激动时，会说出许多不利于商店形象的话，诸如“你们公司出售的都是假冒伪劣品”“你们这家商店怎么这么不讲信誉”等，甚至对其他客户说：“千万别买这儿的东西，都是骗人的！”诸如此类，这样对商店的影响极其恶劣。

在这种情况下，销售人员应该试着邀请客户到另外一种场合进行交谈，具体方法有：

（1）可对客户说：“您看，站着讲话多不方便，请到贵宾室坐下来谈，好吗？”或者说：“这里太热，我们先到办公室喝点茶，再慢慢谈好吗？”

（2）引导客户到招待室（办公室）坐下，最好先泡一杯茶或倒一杯果汁招待客户，让客户缓和一下他的情绪：“先喝口茶，慢慢谈。”

（3）当客户到招待室后，情绪还不能平静时，销售人员可以对客户说：“我们现在正在调查事件的原因，请您先休息一下。”或者说：“负责人马上过来，请您稍候。”然后关上门让客户一个人留在里面，以平息他过于激动的情绪。

对于那些大声吵闹的客户来说，突然远离争吵现场，独自一人留在空旷的招待室里，精神会一下子松弛下来，加之为他提供了舒适的场所和茶水以缓解情绪，他会很快地冷静下来。

如果他是自我反省力很强的客户，甚至还会为刚才的激动而暗暗后悔。这虽然是一个解决问题的好方法，但一定要注意让客户独自等待的时间要适当：如果等待时间太短，客户的情绪未完全缓和下来，容易再度发怒；如果等待时间太长，客户又会认为没人理他，可能火气更大。所以，一般让客户等待两三分钟为宜。

3.不忘使用说“这是我的错”的道歉语

如果客户是由于使用不当而造成产品损坏，从而进行投诉的话，这在一定程度上应归咎于销售人员在销售时未介绍清楚。因此，在处理这类抱怨时，销售人员应诚恳地向客户进行道歉，坦率承认是由于自己交代不周而给对方带来损失与麻烦。

4.使用礼貌语：“给您添麻烦了……”“为了表示歉意……”

客户花了钱，却发现买回去的产品有质量问题，便气冲冲地前来要求退换货。此时，销售人员应尽量满足客户的希望和需要。在办理退换货的手续时，不要忘了补充一句："真对不起，还让您多跑一趟。""给您添麻烦了，为了表示歉意，这瓶香水我给您用包装纸包装一下。"

在向客户解释或说明时，应把握好以下两点：

第一，说话语气要婉转，不能让客户感到难堪。

第二，不能老强调自己是正确的。一般情况下，我们都不喜欢承认自己误会了别人，因此，销售人员在解释的时候，他们很可能会用"我不可能冤枉你"或"我决不会那么糊涂，连这么简单的事情都搞不懂"等话语来为自己辩解，掩饰自己的过错。

在这种情况下，销售人员不要反复强调自己是正确的，而应诚恳地告知客户，你只是想消除他的疑问和不满，并没有其他的用意。这样，对方就比较容易接受你的解释了。

大师手记

利用顾客抱怨创造契机。顾客的抱怨是很严重的警告，但诚心诚意去处理顾客抱怨的事，往往又是创造另一个机会的开始。

——松下幸之助

委婉地回应客户的投诉

一位女士来到一家服装店，销售人员问："您好，有什么需要帮助的吗？"

"我上个星期在这里买了一套衣服，但昨天用洗衣机洗过以后，却出现了严重缩水的现象，这是怎么回事？"

"这款衣服啊，其他客户都没有反应过类似问题。您确定你的洗涤方法是正确的吗？"

"是啊。"

"那您在洗过衣服之后，有没有把它拉展一下？"

"为什么？"

"这种料子的衣服必须这样处理，您在购买的时候我告诉过你了。"

"没有。早知道我就不买了。"

"我早就告诉过您，要看衣服牌子后的说明，算了。我再拿一套给您吧。"

"我不要另外一套，我要退货，请将钱退给我。"

与客户就同一个问题进行争论甚至责怪客户，这是销售人员最大的失误，在上面的事例中，衣服出现问题很明显是客户没有认真看这款衣服的洗涤说明所致。但销售人员却直截了当地责怪客户，严重挫伤了客户的自尊心，让客户丢了面子，最终导致客户不满情绪的爆发。

不管客户的措辞如何偏激，销售人员都尽量不要和客户起争辩，因为争辩不是说服客户的好方法。不论你和客户争辩什么，你都得不到好处。如果客户赢了，他就不会认可你这个人和你的产品；如果你赢了，并且证明客户是错误的，他会感到自尊心受到了伤害，你就会失去这位客户。

所以说，销售人员应该尽可能不要与客户争辩，更不要以责怪的口吻批评客户。争辩和批评只能加速双方关系的恶化。

1.对客户的感受表示理解

客户在投诉的时候，可能会表现出很多情感，如烦恼、愤怒、失望、泄气等，这是理所当然的。此时，销售人员不要把这些表现当作对你个人的不满，你要知道，他的愤怒情感总是要找一个对象发泄，因此，客户冲你发怒，也仅是把你当作倾诉对象。

无论客户的观点是否正确，他所发现的产品问题是否是因为他误操作造成的，但他的不满都是真实的，所以销售人员只有在认同客户感受的基础上，才能进一步引导客户说出问题，并共同找到解决方案。如果销售人员一旦现错误是因为客户造成的，就批评客户或对客户横加指责，这样不但不能解决问题，还会让客户的怒气更大，最终激化矛盾。

2.克制自己的情绪

科学研究发现，当一个人面对另一个人的攻击时，会本能地作出搏斗或者逃走的反应，这时，他的肾上腺分泌加快，心跳加速。因此，销售人员应该学会抑制身体的这种反应，学会克制，让它回到安静的状态中去。

当客户发怒、投诉时，如果销售人员以同样的态度对待客户，客户就会用更大的愤怒反击。但如果销售人员克制住自己的情绪，以一种礼貌友好的态度对待客户，就会令客户的怒火慢慢降低，直至恢复平静，这样问题就好解决了。

3.指出客户的错误时要委婉

当销售人员听完客户的投诉后，必须明确客户投诉的问题所在，责任所在。如果责任在产品或销售人员这方，销售人员应该毫不犹豫地向客户道歉，并提出相应的补救办法；如果责任在客户一方，因为他的使用不当或者误操作导致了问题的发生，销售人员应该婉转地指出错误所在，不能正面直接批评客户。如：“先生，这个问题是因为错误操作造成的，说明书上有详细的操作方法，是我的问题，很抱歉在您购买产品的时候没有详细讲解给您听，我现在讲给您好吗？”

当客户发现问题在于自己，而你又这么委婉时，他就不会对你再有什么恶意，可能更多的是内疚，以及对你处理方式的感谢。

大师手记

对待新客户，要像对待老客户一样的周到；对待老客户，要像对待新客户一样的热情。

——迈克尔·波特

提供比销售时更热情的服务

普通的销售人员总是给客户这样的感觉：推销产品的时候对客户十分热情，服务也很周到，客户提出的要求也满口答应；等客户交了钱，产品销售出去后，过了一段时间，产品出现问题，客户再回来找销售人员，销售人员的脸就变了，客户只是希望能享受到销售人员承诺的售后服务，但是，却看到的是销售人员的冷面孔。

而优秀的销售人员往往能在客户有需要的时候提供更热情、周到的服务，将最大限度地减少客户对于产品的不满，也使其对销售人员的服务记忆深刻。

如果因销售人员不能及时提供热情、周到的售后服务而严重影响了客户对于产品的使用，那么，客户对于产品、销售人员、企业都会产生不满情绪，特别是销售人员在销售时热情、周到，而售后却变得冷淡时，无疑是在激增客户的不满情绪。

热情、周到的售后服务还可以增加客户对于产品和销售人员的忠诚度，也就是能为产品留住一个老客户。每一种产品都有自己的使用周期，这个时间期限一过，就应该再次购买新产品。购买什么牌子的新产品？从什么地方购买呢？客户的选择很多，影响他选择的因素也很多，目前正在使用的产品的质量、功能、售后服务等等因素当然是要重点考虑的。

客户往往会因为产品并没有给他的使用造成多么大的影响，只是因为喜爱销售人员的热情、周到的服务，而再次选择这个品牌的产品。而且，正常情况下一定会主动找到从前那个销售人员购买。

小陈是某大品牌空调的销售人员，一天，因为要处理一些紧急的工作，他只得在公司多加一会儿班。等处理完之后，他抬头一看，偌大的办公室只剩下他一个人，看看表已经过了下班时间一个小时了。陈某关上电脑，收拾好自己桌上的文件，正准备下班，办公室的电话响了起来。陈某习惯性地接起电话说:“您好！某某空调，请问有什么可以帮助您？”

“小伙子，你是姓陈吗？”电话那边一位老人的声音说。

“对，大爷，我是姓陈，请问您有什么事？”小陈礼貌地回答。

“那就是你了，还记不记得，一年前，我从你那里买了台空调，今天出了点问题，我在空调的使用说明书里看到了你的名片，就试着打了上面的电话，还真是你接的。”老人高兴地说。

“大爷，什么问题呢？您能描述一下吗？”小陈问道。

“我也不知道出了什么问题，就是开了很长时间了，屋里还是很热，并不凉快。我老伴刚刚出院，天气这么热，没有空调我怕她受不了。你们明天早晨才能来，今天晚上万一……”老人担心地说。

“大爷，您家住哪里？我现在过去给您看看。”小陈马上说。

小陈以最快的速度离开公司，坐上了开往老人住所的公交车。半个小时之后，小陈来到了老人家，很快，小陈找到了故障的原因，将空调修好后并恢复了原状，然后拿起遥控，重新打开了空调。一股凉风从空调中吹出，闷热的屋里瞬间有了凉气，两位老人的脸上也露出了笑容。

……

维修空调并不是小陈的工作，他所工作的公司有专门的售后服务部，销售人员只负责将空调推销出去，并不需要进行相应的售后服务。小陈接到电话之初也是按照公司的工作方式来进行的，但是，这个要求修空调的客户比较特殊，得知对方这个情况后，小陈没有多想就主动在非工作时间承担起了其他人应该做的工作，就如同在非工作时间遇到需要购买空调的客户一样热情、周到。

销售人员对客户的售后服务一定要热情，这是销售人员接待客户最起码的态度，并且应该从售前一直保持下去。销售过程中，大部分情况是销售人员希望将自己所推销的产品卖给客户。这时，销售人员是“求”的角色，虽然这一过程中不必表现的双方地位不平等，但是，销售人员毕竟是达成交易愿望更强烈的一方。所以，这时销售人员对客户表现出热情是常理。

而当销售结束后，产品到了客户手中，销售人员成功拿下了这个订单。那么，双方的关系就发生了微妙的变化，特别是当产品出现问题的时候，销售人员原本“求”的角色变成了“被求”的角色，而客户“被求”的角色变成了“求”的角色，他们希望销售人员能将产品出现问题给他们带来的麻烦解决掉。

有些销售人员为了体会心理上的优势，为了减少工作，减少损失，而冷淡地对待曾经热情对待的客户。这样一来，把客户之前对他们的印象全部破坏掉了，双方也经历了从排斥到接受再到排斥的过程，第一次的“排斥”是由于陌生，由于双方的不了解，而第二次的“排斥”却是因为了解，因为客户对销售人员失去了信任。所以，第一次所谓的“排斥”并不是真正的不能接受，经过销售人员的努力是可以转化为“接受”的；而第二次的“排斥”就是真实的无法接受了。想想看，当对方真的无法接受你的时候，还能接受你所推销的产品吗？售后服务也许不能解决客户对于产品所有的不满，但是，是否能热情地对待客户是销售人员的态度问题。

态度端正了，就算问题无法解决，也不会将双方的关系弄僵；态度本身有问题，就算按照公司的规定给客户解决了问题，也没有给他带来愉悦的心情，存在矛盾的双方想良好地发展下去将比较困难。因此，热情地对待需要售后服务的客户，是销售人员在售后服务中最先应该做到的。

热情有了，也就是正确的态度有了。那么，接下来应该考虑具体的做法。周到，是对售后服务很高的要求。成功的大公司不只有销售精英，也有优秀的售后服务队伍，并且有一套完整的售后服务体系，能让使用这个公司产品的客户从各方面体会到他们优质的服务。

周六的下午，正在家休息的郑某接到一个电话，打来电话的人说："您好，我是阿里斯顿热水器的售后服务人员。根据我们的记录，您家是在两年前购买了一台阿里斯顿的热水器，对吗？"

"是，我们现在用的是阿里斯顿的热水器。"郑某回答。

"由于一段时间以后，热水器中会存留水垢，使得加温的时间增长。所以，热水器需要定期除垢。您家的热水器从买来之后，有没有除垢呢？"对方问。

"没有，不过好像烧水的时间确实比以前长了。"郑某说。

"今天和明天我们将派人统一、免费对用户使用两年以上的阿里斯顿热水器除垢，您家什么时候有人，方便我们过去呢？"对方又问。

"今天下午就可以，用告诉你们住址吗？"终于明白了对方的动机，郑某说。

"当时您购买的时候，是我们免费安装的，在客户档案中已经留下了您家的地址。一个小时之内，我们的维修人员就会到您家。请看清他们的工作证，再请他们进门。"对方说。

"好的，谢谢你了！"郑某道谢。

"不用客气，再见!"对方礼貌地说。

"好的，再见!"郑某说完，放下电话。

40分钟左右，阿里斯顿热水器的维修人员来到了郑某的家里，用最快的速度将热水器中存留的水垢清理干净，然后请郑某签字确诊后离开了。

随时跟踪、收集客户使用产品的情况，主动、周到地进行售后服务，在这样主动、周到的服务中，避免了自己产品可能出现的很多问题。阿里斯顿公司提供的服务比客户期望的还要周到、具体，在客户还没有提出异议的时候，主动上门将问题解决，这样的周到服务怎么可能不赢得客户的心呢？

热情、周到的售后服务是对自己所销售出去的产品负责任的表现，也是巩固客户资源的方法。为了将新客户变成老客户，让老客户更加忠诚于你和你所销售的产品，热情、周到地进行售后服务吧！它给你带来的收获一定不会比相同努力下的任何推销活动少。

大师手记

将客户的抱怨视作神圣的语言，乐于接受任何批评的意见，并做出改进。

——罗瑟·里夫斯